DAVID AUGSBURGER

EL AMOR
QUE NOS SOSTIENE

SANIDAD Y CRECIMIENTO
espiritual en la vida matrimonial

✿ EDITORIAL BETANIA

CONTENIDO

PRÓLOGO

El amor que nos sostiene es un libro para recuperar las esperanzas. Fue escrito para ayudar a las parejas a reedificar sus relaciones, cuando se sienten desorientadas, y a renovar la esperanza de los que la hayan perdido... Esperanza de uno en el otro, esperanza en la unión conyugal, esperanza en su propia habilidad de hacer que de su matrimonio, que se está desintegrando, surja algo con significado.

En estas páginas hay esperanza para los matrimonios que están heridos. Todo matrimonio sufre en los puntos clave de su desarrollo. Estos puntos críticos son las etapas de cambio, ya sean para bien o para mal.

La visión panorámica del proceso matrimonial es la clave de este libro. No es un remedio rápido para los problemas de la pareja. Es una alternativa esperanzada del matrimonio como un viaje compartido a lo largo de muchos episodios. Aborda el tema de los «matrimonios dentro del matrimonio» que se suceden en una progresión, década tras década, a la vez que ofrece ayuda para cruzar, como por un puente, sobre las turbulentas aguas que distinguen las etapas de un matrimonio respecto a otro.

A lo largo de su libro *El amor que nos sostiene*, David Augsburger nos anuncia que hay esperanzas para las parejas que tienen problemas. Si bien a ningún matrimonio le serán extraños algunos de los niveles de conflicto que aparecen en los puntos clave de cambio y crecimiento, sabrán que existe también la posibilidad de superarlo. Me siento particularmente interesado en este tema, que David Augsburger presenta en forma tan fascinante en *El amor que nos sostiene*, debido a mi labor en la «Red de recuperación de la esperanza».

Siga leyendo y descubrirá cómo una visión general del viaje matrimonial podrá liberarlo y hasta transformarlo.

Explore los matrimonios dentro del matrimonio.

Esteban K. Wilke, Ph. D.
Presidente de:
Red de recuperación de la esperanza,
Wichita, Kansas

1

TRANSFORMACIONES

TRANSFORMACIONES:

MATRIMONIOS DENTRO DEL MATRIMONIO

Te quiero.
Tengo que estar a tu lado.
Nunca te dejaré.
Siempre serás lo primero en mi vida.
Estamos enamorados.

> Todavía te quiero, pero...
> Si algo no cambia, no puedo continuar.
> Necesito espacio, necesito que me respetes.
> Necesito ser yo mismo además de «nosotros».
> Siento que estamos en conflicto.

> > Me sorprendes.
> > Llegó a molestarme
> > lo que antes me gustaba de ti.
> > Ahora no lo cambiaría por nada.
> > Estamos aprendiendo a amarnos.

> > > Cuando estoy contigo
> > > me siento como en casa.
> > > Me siento completo.
> > > Cuando estamos separados
> > > me siento tranquilo, seguro.
> > > Siento que nos amamos.

Primer año

Ella: «Nos falta tiempo para hacer todas las cosas que disfrutamos juntos. Por supuesto, tenemos alguna que otra pelea pasajera, pero no hay nada que amenace nuestra estrecha unidad. Cuando él está lejos, siento como si una parte de mí me faltara».

Él: «Ansío que termine mi día de trabajo para poder hacer las cosas juntos por las tardes. Disfrutamos de tantas actividades que nos entusiasman... me resulta divertido estar a su lado».

A los diez años

Ella: «Creo que gozamos de tanta armonía como la mayoría de las parejas, pero bueno... los hijos necesitan de mi atención todo el tiempo, mi trabajo me exige mucho y él espera demasiado de mí a cambio de lo poco que me brinda. Si espero tener un poco de tiempo para mí, tendré que luchar para obtenerlo».

Él: «No sé... no hay mucho que decir. Los dos estamos ocupados con nuestras profesiones y con los hijos. Ya no existe el fuego en nuestro amor como al principio. Ella habla más de igualdad que de unidad entre nosotros. Me cansa bastante el que me esté empujando siempre para acercarme o apartarme de ella».

A los veinte años

Ella: «A lo largo de estos años aprendí que este individuo realmente me cae bien. Tuvimos unos cinco años vacíos, luego otros tres malos en los que parecía que no íbamos a poder sobrevivir. Luego dimos una vuelta en el camino, no sé en qué punto. Y de algún modo las cosas cambiaron, fue como iniciar un nuevo matrimonio».

Él: «Supongo que somos sobrevivientes. Muchos de los matrimonios de nuestros amigos naufragaron hace años. Nosotros casi nos hundimos también. Pero de algún modo las cosas cambiaron. Lo que antes me sacaba de quicio dejó de molestarme de alguna manera. Quizás me volvió a gustar lo que me atrajo de ella cuando nos conocimos. Tal vez eso sea lo que me gustó de ella. Nos sentimos cómodos y bien... sí, *bien* juntos».

A los treinta años

Ella: «Realmente me gusta este hombre. Ahora tenemos tiempo de hacer planes, ir a pasear, divertirnos. Ya nuestros hijos son como amigos, son adultos igual que nosotros. ¿Y nosotros? Yo diría que hay como una mayor profundidad en nuestros sentimientos, como una seguridad a toda prueba y una libertad de la que antes no gozábamos».

Él: «El otro día le dije: "Si hubiera sabido cómo conducir mis emociones y cómo hablar de mis sentimientos cuando apenas comenzamos, podríamos haber evitado muchos de los momentos difíciles". Ahora nos comprendemos, realmente nos conocemos».

Transcurren como mínimo cuatro matrimonios a lo largo de las cuatro décadas centrales de cambio:

El sueño de los veinte años
La desilusión de los treinta
El descubrimiento de los cuarenta
La profundidad de los cincuenta

Esta lista es una de las formas de describir la secuencia de «los matrimonios dentro del matrimonio» que hace que surja una relación cada vez más profunda. Hay muchos estilos de ser pareja y una variedad de maneras de definir las etapas por las que pasamos hasta lograr juntos la adultez.

Usaremos una diversidad de perspectivas, y un espectro muy amplio de tonos y matices lingüísticos para explorar esta serie de monogamias que se despliega en el conflicto entre proximidad y distancia, dependencia e individualismo, absorción o abandono, entre hacer el amor o pelear, todos ellos factores que contribuyen a que un hombre y una mujer puedan crear una vida en común.

La «monogamia en serie» con el mismo cónyuge es el proceso ideal aunque para la mitad de la población norteamericana la secuencia se interrumpe en la primera pareja y se comienza nuevamente con un segundo o tercer cónyuge. Cuando se fracasa en negociar la transición entre «los matrimonios dentro del matrimonio» se posibilita el divorcio y se complican inmensamente las etapas normales del crecimiento. Es el pasaje traicionero de entrada y salida del segundo matrimonio el que hace naufragar las relaciones básicamente buenas que podrían haber madurado y transformado hasta lograr alianzas profundamente satisfactorias y significativas.

«La poligamia en serie» (o poliandria) con el mismo cónyuge es una descripción más acertada que la de «monogamia en serie» ya que no sólo es el matrimonio el que experimenta transformaciones; sino también las personas. Dada la libertad para poder crecer, los miembros de la pareja experimentan cambios decisivos de valores, asumen nuevos compromisos, nuevos estilos de vida, nuevas prioridades, nuevas formas de resolver los conflictos y nuevos matices para expresar sus sentimientos y experiencias íntimas.

Es posible que uno ingrese al cuarto matrimonio con la misma persona y, sin embargo, se trate de uno nuevo entre personas significativamente diferentes. Los dos encantadores y complacientes románticos camuflados del primero se sentirían incómodos con los francos y agresivos realistas emergidos del segundo o un tanto escépticos acerca de los confidentes desinhibidos del tercer matrimonio. Los cambios de personalidad nos liberan de los viejos patrones que se forjaron dentro de nosotros y nos lastimaban. Los cambios en el matrimonio permiten liberar al otro del dolor que le causábamos.

A medida que las personas evolucionan los matrimonios cambian. A medida que se negocia el matrimonio, las personas crecen. Cada uno llega a ser más de lo que siempre ha sido pero no lo que ha querido.

En el primer matrimonio, inevitablemente, se mezclan las experiencias pasadas con el entusiasmo del presente. Los puntos fuertes y los débiles de cada familia de origen se mezclan con las esperanzas, sueños y metas que va entretejiendo la pareja. Cada persona proyecta su pasado en el futuro, reflejando la experiencia de su infancia y juventud en familia, hacia su cónyuge y la unión. El primer matrimonio puede ser una creación mutua, pero frecuentemente es una mezcla de los dos pasados familiares, una colisión entre las dos poderosas fuerzas que se mantienen unidas entre siete y diez años, mediante el pegamento milagroso de la negación y la evasión del conflicto; la negación del pasado que presiona y la anulación de lo que los atrae a un futuro diferente.

A medida que el primer matrimonio comienza a desmoronarse, nace la ansiedad, y la desesperación sólo agrega más pegamento. «Nos mantendremos juntos, por las apariencias, por los hijos, por razones religiosas, por protegernos del futuro». Pero el pegamento no se mantiene. El mecanismo de negación se quiebra. Un nuevo matrimonio puede surgir de lo que se desconoce y, lo que aún no se ha examinado.

Si la pareja sobrevive al proceso de exploración del segundo matrimonio mientras prueba e investiga, escenifica y lucha, es posible que surja el tercer matrimonio. Llegar hasta el tercer nivel es como abrirse camino a una nueva forma de respeto por la identidad del otro, a un nuevo descubrimiento de lo que es distancia y proximidad, intimidad y autonomía. Ahora que se sienten libres para ser próximos o distantes, la pareja puede comenzar a elaborar su cuarto matrimonio con profundidad y un sentido de destino común.

Valor para crecer

Esta jornada juntos requiere de mucho crecimiento tanto personal como matrimonial. Tal crecimiento involucra cuatro revisiones de lo que es la autocomprensión, cuatro formas de autoestima, cuatro maneras de tratar las diferencias y las dificultades. Además, necesita mucho valor para *abandonar* los viejos hábitos que ya no resultan; una buena cantidad para *no ocuparse* de asuntos que uno descubre que no son tan importantes, y una sorprendente cantidad para **dejar**

que venga lo que venga, a medida que evoluciona la relación. La propia experiencia, la del cónyuge y la del que vincula la pareja, es tan diferente que uno mira hacia atrás y le sorprende el hecho de haber permanecido por tanto tiempo actuando de otra forma. Uno contempla al otro con una mirada más amplia, le ve más facetas, experimenta sentimientos nuevos y comprende, desde más puntos de vista, a esta persona tan conocida y, sin embargo, provocativamente nueva.

Vivir y crecer deberían ser palabras redundantes, pero la observación de otros y la autoreflexión nos revelan los períodos embarazosos en los que nos estancamos en la rutina. Crecimiento y matrimonio también debieran ser sinónimos pero la mayoría de los matrimonios alternan los períodos de estabilidad con etapas breves de cambio y maduración. El crecimiento y las transformaciones no son el fin en sí mismos. Es más, crecer por crecer en sí es la filosofía de la célula cancerígena. La meta del crecimiento es experimentar armonía, plenitud y madurez. El verdadero fracaso en la vida es ser derrotado en el logro de esas metas; el pecado entre otras cosas, es negarse a crecer.

Su matrimonio actual es uno de los muchos que usted experimentará si continúa junto a su pareja. El matrimonio no es sólo un estilo de vincularse, comprometerse, confiar, negociar, entrar en conflictos o crecer. Cuando hay crecimiento —y el matrimonio es el medio de crecimiento más importante de nuestra sociedad— entonces habrá matrimonio múltiple o en serie, los cuales se desarrollarán a medida que las personas maduren.

En nuestra sociedad occidental el matrimonio se ha convertido en el principal instrumento para lograr el crecimiento de las personas. Proporciona una de las pocas oportunidades para que la persona pueda descartar las ilusiones, las fantasías y las falsas esperanzas de la niñez así como crecer hasta descubrir la auténtica madurez. Es en la permanencia de las relaciones matrimoniales que uno puede desarrollar las cualidades de la adultez, las que en otras relaciones se pueden simular o simplemente pasar por alto; cualidades como la honestidad, la sinceridad, la humildad, la tolerancia hacia las diferencias y aun el amor por ellas. Este crecimiento rara vez ocurre sin la lucha por vivir de manera íntima con un cónyuge; no es un crecimiento que se pueda obtener aislándose.

Yo diría que la relación
entre dos personas decentes casadas
cambia profundamente
cada pocos años,
a menudo
sin que se den cuenta.
Aunque cada cambio produce dolor
también trae una cierta alegría.
El largo trayecto del matrimonio
es un hecho prolongado
de constante cambio,
en el que un hombre y una mujer
edifican mutuamente su alma
y adquieren su armonía interior.
Es como ríos que corren,
a lo largo de un país nuevo
siempre desconocido.[1]

---

[1] D.H. Lawrence, *We Need One Another* [Nos necesitamos uno al otro], Haskell House, Publishers, New York, 1974, p. 37.

«El matrimonio» dice el consejero familiar Carl Whitaker, «es el centro básico de iluminación o comprensión y el proceso terapéutico natural de nuestra cultura. El matrimonio es la prueba más decisiva de la vida».[2]

Más que cualquier otra sociedad anterior, exigimos demasiado del matrimonio. En los siglos pasados se esperaba que fuera una unión entre familias, económicamente productiva, biológicamente procreativa y socialmente durable. En la sociedad occidental las esperanzas respecto al mismo incluyen el compañerismo, la plenitud emocional así como un crecimiento mutuo de la identidad y niveles progresivos de intimidad.

Durante siglos, no constituyó una relación que requiriera ser sometida a examen ni a negociación. Era algo dado, uno le adaptaba las otras relaciones y responsabilidades de la vida. «Una vida sin examen no vale la pena vivirse», observó Sócrates. Y también dijo: «No llamen a nadie infeliz, hasta tanto no se case». Sin embargo, no quedó registrado lo que dijo Xantipa, su esposa. El matrimonio sin examen se tomaba como el proceso inevitable en el que se cumplía el papel y las rutinas de ser hombre o mujer, de casarse y ser padres. En una época en que las esperanzas son sobredimensionadas, muchas parejas siguen desarrollándose sin proponerse reflexionar sobre él y sin hacer revisiones ni ajustes. Algunos matrimonios y vidas no sometidos a examen, parecieran dejarse llevar por la corriente del tiempo, sin producir crisis o cambios, cuando en realidad se han terminado en su primera fase de comprensión y han rehusado mantenerse a la altura de los cambios, ya sea en la maduración de las propias personas o en la evolución de la situación familiar.

---

[2] John R. Neill y David P. Kniskern, eds., *From Psyche to System: The Evolving Therapy of Carl Whitaker* [De la psiquis al sistema: El desarrollo de la terapia de Carl Whitaker] Guilford Press, New York, 1982, p. 366.

Tomemos una visión más amplia del matrimonio

Para que surja una creatividad real en el matrimonio es necesario un compromiso de permanencia. Sólo cuando analizamos bien el matrimonio se siente uno libre de arriesgarse a explorar tanto las elevaciones como las depresiones, las cumbres y los valles de esa relación que evoluciona. Cuando se ve como un viaje común de mutuo crecimiento en un proceso de desarrollo que abarca un largo período, entonces los tiempos difíciles se colocan en la perspectiva correcta.

Cuando las parejas en estado de *shock* llegan para su primera sesión de terapia familiar, a menudo ponen en evidencia una enojosa e irritable depresión o bien un silencioso y agotado abandono de la lucha:

«Teníamos una relación razonablemente buena hasta hace dos años y luego las cosas comenzaron a deteriorarse», dice ella.

«No quiero seguir así», dice él, «pero no le veo salida después de siete años de casados».

Les dibujamos una línea larga que representa el matrimonio, observamos con ellos los puntos de estrés y los de celebración. Paralelamente les bosquejamos los patrones normales de romántica proximidad inicial, los comienzos del deterioro del primer matrimonio, la amenaza de que ambos terminen, la posibilidad de avanzar hacia un segundo y un tercer matrimonios... y el ambiente del consultorio comienza a iluminarse. Por primera vez, quizás, están echando una mirada a su relación y tienen una perspectiva del desarrollo que les permite ver a la actual pareja detenida, no como en un callejón sin salida que requiere el divorcio, sino como el final de un partido y el comienzo de otro, entre los mismos jugadores. Cambiar de jugadores rara vez logrará otra cosa que repetir un partido igual, pero con diferentes contrincantes. Empezar de nuevo con el mismo jugador permite en realidad una salida creativa.

El cambio creativo en el matrimonio se hace más fácil cuando se comprende, con una visión a largo plazo, que existen básicamente cuatro «matrimonios dentro del matrimonio».

Cada uno de ellos tiene diferentes maneras de tratar las metas, las discrepancias, los conflictos, las emociones, la intimidad, la comunicación, los papeles y el sentido de la vida. Exploraremos las secuencias de las etapas que normalmente ocurren en cada área.

Obviamente, de la misma forma que no hay dos personas iguales, se supone que tampoco habrá dos matrimonios iguales. Por esta razón es que muchos modelos de desarrollo de las etapas del matrimonio se ven obligados a ser superficiales. Estos patrones suelen incluir etapas como la luna de miel, la búsqueda de la carrera profesional, la paternidad, la partida de los hijos y el matrimonio de personas jubiladas. Con el objeto de abarcar todos estos matrimonios, el modelo se ve forzado a excluir una dinámica más profunda y centrarse en lo que es común a todos.

Si uno se arriesga a explorar los patrones con más profundidad, como intentaremos hacer en este mapa del matrimonio, entonces se deben construir de modo tal que expliquen las fuertes tensiones entre lo que une y lo que separa, entre crecer como pareja y crecer como persona. Ese esquema de crecimiento corre el riesgo de no servir a todos de la misma forma, ya que en algunas parejas se acentúa una etapa, y en otras, otra. Las parejas que provienen de familias acostumbradas a suprimir las diferencias y evitar los conflictos son más propensas a exagerar la complejidad de las primeras fases o tratar de continuar el primer matrimonio toda la vida. Por el contrario, las personas que proceden de familias que se expresan con más franqueza, suelen avanzar más rápidamente en su matrimonio hacia formas mutuamente satisfactorias a fin de resolver los conflictos al inicio y tienen una segunda etapa menos dramática.

Sin embargo, los patrones de los cuatro matrimonios básicos que esbozaremos en los siguientes capítulos, están fundamentados en una amplia investigación matrimonial, así como en observaciones clínicas. Ocurren con mucha frecuencia y con sorprendente regularidad. La historia de cualquiera de nosotros es, en alguna medida, la de todos.

«Hay sólo dos o tres historias y siguen repitiéndose sin cesar, como si nunca antes hubieran ocurrido», escribió Willa Cather, la brillante autora norteamericana.[3] Nuestras historias matrimoniales tienen en efecto una notable similitud, una vez que uno logra percibir las diferencias de las historias individuales.

---

[3] Willa Cather, de fuente desconocida.

La variedad es un signo de salud

Cuando su propia experiencia difiera de las etapas del matrimonio bosquejadas aquí, felicítese. Cuantas más dificultades y sufrimientos pasa una pareja, más semejantes son sus patrones; cuanto más sanas y libres las personas, más variedad emergerá de sus relaciones. Cada vez que descubra que el modelo sugerido no le sirve, celebre por la salud y la libertad que heredó de su familia de origen, o de la que eligió para vivir en la actualidad.

«Todas las familias felices se parecen. Toda familia infeliz es infeliz a su manera», escribió León Tolstoy en la frase inicial de su novela *Ana Karenina*. Esas dos breves frases son una descripción maravillosamente precisa que explora la singularidad de un matrimonio infeliz, pero el libro se ha convertido en un clásico de la literatura, porque es una familia infeliz tan similar en su infelicidad a la infelicidad de todas las familias.

Sin embargo, la realidad es exactamente lo contrario a la afirmación de Tolstoy. Las familias felices existen de muchas formas, muchos tipos y muchas clases. Crecen en una variedad de direcciones que son notablemente diferentes. Permiten una amplitud mucho más grande en el desarrollo de su matrimonio, en la individualización de los miembros de la pareja, en las diferencias que van adquiriendo los hijos, que en las familias menos felices.

Estas son más parecidas en su rigidez, su repetición de los patrones dolorosos de conducta, sus papeles y relaciones estereotipadas. A menudo se encierran en una de las tramas relativamente escasas de la vida: lo que Cather llamaba «los dos o tres relatos que se siguen repitiendo ferozmente como si nunca hubieran ocurrido». Estos argumentos o tramas básicas a menudo se construyen alrededor de una necesidad común o por no reconocer un secreto subyacente o no enfrentar un viejo modelo de herir al otro o no atreverse a examinar un viejo mito familiar, no saber evitar una tragedia o no perdonar u olvidar una ofensa. De modo que se repiten una y otra vez.

Hubiera querido que mi vida, mi matrimonio, mi crecimiento, hubiesen sido menos repetitivos, menos encerrados en los viejos argumentos de la estupidez y la debilidad humana. Pero no es así, a pesar de todo, el futuro aún no está escrito. Los capítulos siguientes de la historia tienen un final abierto. Aceptar la muerte de una etapa y renacer a la siguiente no es fácil.

Las familias felices posibilitan el crecimiento de cada integrante cuando ven a largo plazo las probabilidades de cambio. Este cambio es siempre una amenaza en el momento de la elección y de la decisión. Pero esa perspectiva nos permite confiar recíprocamente en el proceso de crecimiento. La respuesta humana común, casi inevitable, es decir: 1) «No cambies». A esto le sigue la orden 2) «Vuelve a ser como antes». Y si no obedecemos aparecen las amenazas: 3) «Obedece o si no...», «Obedece... porque vas a sufrir», «Obedece, porque Dios te va a...», «...porque vas a fracasar», «...porque se viene todo abajo». Y si esto no logra detener el proceso de cambio, sigue luego el período de 4) el respeto a regañadientes por parte del otro. Hasta que al fin la otra persona dice: 5) «¿Por qué te llevó tanto tiempo tomar una decisión tan obvia? Los dos sabíamos que era lo correcto». Estas cinco reacciones son tan previsibles y naturales como el fototropismo, la planta que gira con el sol.[4]

Conocer las etapas de resistencia al cambio, no las elimina sólo las reduce. Cada uno de nosotros siente la amenaza de los movimientos del otro cada vez que alguien desafía nuestras esperanzas y conceptos básicos. He conocido esta danza de la resistencia por años, he sufrido, y también me he tenido que sonreír después, al comprender que le ocurría lo mismo a mis padres o a mis hermanos. Sin embargo, recorro automáticamente esas cinco fases cuando mi esposa o mis hijas hacen un movimiento significativo de una manera que me toma por sorpresa.

Tener una perspectiva del proceso de crecimiento, cambio y maduración, nos ayuda a reducir nuestra resistencia y por momentos hasta nos permite dar la bienvenida a las transiciones de una etapa de la vida a la otra. Cuanto más receptivos estemos a la variedad, la individualidad y la novedad en las relaciones familiares, tanto más saludable será su estructura y también la salud de sus miembros. En contraste la familia que crea copias de conformismo viola algo muy precioso y esencial a lo que es humano: la integridad

---

4 Murray Bowen, *Family Therapy in Clinical Practice* [Terapia familiar en la práctica clínica], Aaronson, Jason, Inc., New York, 1978, pp. 467 ss.

peculiar de cada cual. Aceptar al otro tal como es implica admitir su derecho a crecer y a llegar a ser.

Una visión del trayecto a recorrer

Los matrimonios dentro del matrimonio pueden examinarse desde distintas perspectivas. Cada etapa tiene su complejidad, su riqueza y un carácter multidimensional que desafía cualquier definición o descripción simplista.

En los capítulos siguientes exploraremos estas etapas, tomando los temas de mayor significación. Algunos de ellos son: la elección de metas, el tipo de comunicación, el conflicto creado por las diferencias y los parecidos, el estilo de intimidad, papeles, sentido y esperanza que caracterizan a la pareja. En el cuadro de las etapas estos temas están bosquejados para dar una visión general de los cuatro matrimonios que se desarrollan. Si el resto no varía —cosa que nunca sucede— las etapas corresponden aproximadamente a los veinte, treinta, cuarenta y cincuenta años. Pero la primera puede prolongarse por veinte años o transformarse en un estilo de vida permanente sin modificaciones.

O las parejas pueden separarse en el momento en que la primera etapa comienza a desmoronarse y encerrarse desesperadamente en esa etapa, pero con una segunda pareja. Si han crecido y ganado mucho de su primer matrimonio, los períodos podrán ser más breves en la segunda ronda. De modo que por muy variadas que sean las etapas para cada pareja, vale la pena analizar los temas a lo largo de ellas y los pasajes que las conectan y transforman.

Si encuentra que su matrimonio se ha estancado en una de las fases, como nos ha pasado a todos y nos volverá a ocurrir, entonces es posible que las descripciones temáticas del viaje de maduración matrimonial lo puedan ayudar a liberarse.

Si sabe que su viejo matrimonio se está muriendo y las esperanzas se están acabando, entonces la visión de una trayectoria más larga del matrimonio es posible que despierte la esperanza de su revitalización. Darlo por terminado cuando sólo necesita morir una etapa, es, en la mayoría de los casos, una mala decisión. Es mejor reinventar la relación y redescubrir el amor.

La gente
no se casa
con personas,
al menos
no con personas reales,
se casan
con el que creen
que es esa persona;
se casan con ilusiones e imágenes.
Muchos dan por terminado el matrimonio
porque el cónyuge
no encaja
con la imagen interna.[5]

5 James Framo, *Explorations in Marital and Family Therapy* [Indagaciones en la terapia matrimonial y familiar], Springer Publishing Company, New York, 1982, p. 125.

El desaparecido Sidney Jourard escribió estas palabras desafiantes en su clásico libro *The Transparent Self* [La autotransparencia].

> He animado a las parejas que mantienen un matrimonio muerto, pero que todavía creen que tiene sentido tratar de vivir juntos, *a comenzar una serie de experimentos en sus modos de relacionarse.* La imagen o metáfora detrás de esta exploración corresponde a la de la poligamia seriada con la misma persona[...] cuando un miembro de la pareja encuentra que la continuidad con la otra persona le resulta intolerable, el matrimonio en su aspecto legal suele disolverse[...] También es posible que una pareja luche contra el estancamiento y que de allí surja un nuevo matrimonio del uno con el otro.[6]

Este libro ofrece una serie de experimentos que tratan de que se vea el matrimonio con nuevos ojos, de verse el uno al otro con una nueva comprensión y de ver la vida como una nueva posibilidad.

Recuperar la libertad de crecer

El crecimiento posible en un matrimonio depende no sólo del que reclama cada persona ni del que cada miembro de la pareja le concede al otro. También depende de las posibilidades que ofrecen la cultura, la comunidad y el grupo que rodea al matrimonio.

Los patrones culturales, después de una o dos generaciones, adquieren autoridad, luego se absolutizan como algo definitivo y necesario. Canonizamos lo que es imperfecto y falible; vemos como eterno lo que es sólo temporal, limitamos nuestras opciones, reducimos las posibilidades de crecimiento. Las recetas matrimoniales se hacen obligatorias, los patrones accesibles a la pareja son reducidos a las relaciones básicas complementarias.

Un patrón culturalmente prescrito, tal como el de: «dominación masculina/sumisión femenina», que se ha dado por sentado por generaciones, llega a considerarse como un mandamiento divino

---

6 Sidney Jourard, *The Transparent Self* [La autotransparencia], Van Nostrand Reinhold Co., Inc., New York, 1971, p. 108.

LOS CUATRO MATRIMONIOS DENTRO DEL MATRIMONIO

	PRIMER MATRIMONIO	SEGUNDO MATRIMONIO	TERCER MATRIMONIO	CUARTO MATRIMONIO
METAS	**SUEÑO** Nos casamos para realizar un sueño, personal, matrimonial, profesional y las ilusiones comunes.	**DESILUSIÓN** El sueño nos falla. Sacrificamos el sueño matrimonial para realizar el profesional o viceversa.	**DESCUBRIMIENTO** Descubrimos la realidad más allá del sueño. Nos descubrimos el uno al otro.	**PROFUNDIDAD** Adquirimos profundidad en nosotros mismos, en nuestro matrimonio y en nuestra vida juntos.
COMUNICACIÓN	**EXPECTATIVAS** Nos comunicamos a partir de las esperanzas que damos a los significados, de lo que necesitamos, queremos, nos sentimos obligados.	**MANIPULACIÓN** Manipulamos persuadiendo, seduciendo, coaccionando, evadiendo o evitando cosas, para obtener lo que queremos.	**INVITACIÓN** Descubrimos que la verdadera comunicación es una invitación y una tarea hacia la igualdad.	**DIÁLOGO** Desarrollamos el diálogo con genuina aceptación de la igualdad mutua de nuestra relación.
EMOCIONES	**EXCUSA** Tenemos miedo de, nos abochornamos por, somos cautelosos con, escondemos o desconocemos nuestros sentimientos.	**EXPLOSIÓN** Nos arriesgamos a compartir nuestros sentimientos pero resultan dolorosamente amenazadores, a veces incontrolables, descentrados, caóticos y confusos.	**EXPRESIÓN** Reconocemos y expresamos nuestros sentimientos y lo hacemos con libertad mostrando tanto candor como comprensión por el otro.	**EXPERIENCIA** Nos desplazamos libremente a través de nuestros pensamientos y nuestras emociones.
DIFERENCIAS	**ACOMODACIÓN** Nos toleramos, nos adaptamos, pasamos por alto las diferencias para evitar conflictos y perseguir el sueño.	**ELIMINACIÓN** Buscamos eliminar las diferencias criticables de nuestra pareja exigiéndole que cambie.	**APRECIO** Descubrimos que las diferencias son partes necesarias y creativas en cada uno de nosotros y de nuestro matrimonio.	**CELEBRACIÓN** Nos deleitamos en las diferencias y las desarrollamos mutuamente.

CONFLICTOS	**EVITAR** Evitamos los conflictos, porque nos alteran y resultan destructivos para el sueño.	**ATACAR** Exploramos frustrados, buscamos eliminar las diferencias peleando, negociando, presionando.	**ADAPTACIÓN** Descubrimos formas más justas de pelear. Buscamos soluciones mutuamente satisfactorias en menos tiempo.	**ACEPTACIÓN** Aceptamos que el conflicto es un proceso saludable y lo utilizamos para lograr un crecimiento en ambos.
INTIMIDAD	**DEPENDIENTE** La intimidad depende del romance, del momento, de la respuesta del otro, de que el otro actúe como «corresponde» al caso.	**INDEPENDIENTE** La intimidad es precaria: intensa cuando las cosas andan bien, ausente si hay tensiones y amenazas.	**INTERDEPENDENCIA** La intimidad se hace ahora posible verdaderamente porque hay autonomía, equilibrada con solidaridad.	**INTIMIDAD** La intimidad se desarrolla ahora de manera libre, a niveles emocionales, mentales, sociales y espirituales.
PAPELES	**COMPLEMENTARIOS** Las relaciones se forjan haciendo que «encajen» con los puntos fuertes y débiles de la pareja.	**SIMÉTRICOS** Las relaciones son competitivas, conflictivas, negociadoras, en busca de una identidad propia.	**PARALELOS** Las relaciones adquieren equilibrio, hay libertad y responsabilidad en ambos. Se protege la autonomía y la intimidad.	**ENTRELAZADOS** Las relaciones son mutuas y ambos miembros de la pareja se sienten seguros y satisfechos ya sea que estén juntos o separados.
SENTIDO	**ESPERANZAS** La esperanza que se forja según el sueño está basada en gran medida en falsas expectativas que deben morir para que el amor se vuelva realmente algo vital.	**DESESPERADOS** Las esperanzas se esfuman, se debilitan, nos fallan. La vida en común se vuelve vacía y alienada.	**ESPERANZADOS** La esperanza renace cuando descubrimos que por debajo de las más viejas hay un sentido más profundo y más rico de nuestra vida en común.	**ESPERANZAS** Nace la verdadera esperanza y el pasado ya sanado nos empuja hacia adelante y nos incita con promesas para el futuro.

más que como un acuerdo humano. Entonces leemos la Biblia, a través de nuestras prácticas culturales, para encontrar en ella un único modelo divinamente autorizado del matrimonio. La Biblia posee muchos ejemplos de matrimonios y múltiples patrones de las relaciones hombre/mujer que se extienden a lo largo de miles de años de historia obtenidas de decenas de culturas diferentes: mesopotámica, egipcia, palestina, filistea, moabita, babilónica, persa, judea, galilea, romana y griega, para empezar la lista. Esto nos proporciona un campo rico en modelos de personas cristianas de múltiples culturas.

Pero en cada cultura la gente selecciona un modelo y cita los versículos que refuerzan los patrones ideales de su comunidad particular. Se supone que el hombre debe ser el líder y la mujer quien lo siga, el matrimonio correspondiente que surge de esa cultura, será acreditado luego como proveniente de la autoridad bíblica. Tenemos la vieja tradición de trasladar nuestra cultura y sus prácticas al amplio y variado contexto bíblico recibiéndolas de nuevo intactas, pero dotadas de autoridad divina.

La Biblia no nos ofrece un manual para los matrimonios; es más, contiene sólo referencias ocasionales acerca del mismo y de lo que éste significa. Ningún profeta o apóstol nos da un análisis sistemático sobre el matrimonio. Con excepción de un breve enunciado en respuesta a la pregunta de si el divorcio era justificado, Jesús sólo hizo algunos comentarios. (Mateo 19.3-12; Marcos 10.2-12). Basando sus enseñanzas en Génesis 1.27, 2.24, y 5.2, Jesús expone que los dos se convierten en uno, que ese vínculo no debe romperse y que eso expresa el deseo de Dios, el Creador. La forma de esta unidad matrimonial, los patrones de la relación hombre/mujer, no son parte de las enseñanzas de Jesús.

Aparentemente Él aceptó el patrón de la cultura judía de la cual se nutrió. Cuando se le preguntó acerca del matrimonio según el levirato, es decir, la obligación de que un hermano concibiera hijos con una cuñada viuda, para poder continuar el nombre de la familia, Jesús acepta tácitamente esta práctica (Marcos 12.24-27). El hilo que atraviesa más consistentemente todos sus comentarios sobre el matrimonio es el llamado a la fidelidad, al amor permanente y a la esperanza. Jesús no se refiere al tema de la definición o la renovación de las prácticas matrimoniales.

Luego en el Nuevo Testamento se nos ofrecen algunas referencias breves sobre el matrimonio (1 Corintios 7.1, Efesios 5.22-33, Colosenses 3.18-19, Tito 2.4-5, 1 Pedro 3.1-7). Pero estas no ofrecen un bosquejo de lo que debe ser, los papeles de la pareja, las normas que regirán el estilo de esa relación. Pedro aconseja sumisión por parte de la mujer, Pablo recomienda sujeción mutua, Lucas registra vínculos de igualdad entre Priscila y Aquila (Hechos 18.26). Algunos de los líderes eran solteros y recomendaban la soltería como estado superior al matrimonio. Otros eran casados, pero no ofrecen ninguna información acerca de la forma en la que su fe influyó en su unión. Y otros nos dejaron un modelo en el que vemos que daban juntos su servicio y su testimonio.

Encontramos más de un tipo de relaciones matrimoniales en el Nuevo Testamento. Los escritos de Pablo nos ofrecen modelos de la ética cristiana aplicada a varias situaciones culturales y no dan evidencias de que intenten armonizarlas o forzarlas en un patrón que sea único para todas las personas, situaciones y edades. El modelo jerárquico de 1 Corintios 11 incluye en el mismo pasaje, una gran enseñanza acerca de la interdependencia de la pareja. La fórmula de Efesios 5.22-33 es un llamado a reestructurar el viejo modelo jerárquico, para que sea una relación de sometimiento mutuo que avance hacia la igualdad, por cuanto exige el sacrificio radical del esposo; esto en sí ya representa una revolución del *status quo* de aquella época.

El reconocimiento de los dones, tanto en el hombre como en la mujer, ya sea en el ministerio, en profecía, en liderazgo, en enseñanza o en servicio, indica la trayectoria de relaciones que se van transformando en la comunidad neotestamentaria, en la que, gracias a Cristo, ya no hay más ni hombre ni mujer. Así como ya no hay jerarquías étnicas, ni entre amo y esclavo, de la misma forma las diferencias por el sexo han llegado a su fin en Jesucristo (véase Gálatas 3.28).

La Biblia no sólo proporciona una amplia gama de modelos para la relación matrimonial, sino que nos da las semblanzas adecuadas e incisivas sobre algunos seres humanos que mostraron lo mejor y lo peor en materia de obediencia y fidelidad al pacto o a la ruptura del mismo. En las Escrituras se ve una clara progresión del concepto de la mujer que va desde considerársele como un objeto hasta que se le considera como a una persona, con plena igualdad. Hay trayectorias paralelas, en otras áreas de las relaciones humanas que se muestran igualmente claras: desde la visión tribal de la personalidad, en la que toda la familia es destruida por el pecado de uno de sus miembros, hasta la plena comprensión de la responsabilidad individual o desde la economía basada en esclavos hasta la comunidad de los primeros discípulos: libres, iguales y mutuamente interdependientes; desde padres que poseen poder sobre la vida y la muerte de sus hijos, quienes les deben absoluta obediencia, hasta el modelo de padres e hijos que elaboran relaciones de amor modeladas en el estilo de vida de Jesús, el Cristo.

Aceptamos esa evolución en el campo social y político y debemos admitir la experiencia de una transformación plena en las relaciones matrimoniales y entre padres e hijos; no es posible justificar el modelo de una cadena de mando en la interacción de hombres y mujeres o de padres a hijos, sacando y eligiendo alguna cita bíblica aislada. Existen patrones culturales similares a muchas de las familias asiáticas actuales, en las que la norma es una relación más vertical. En esa situación las familias cristianas deben luchar para hallar formas de fidelidad al estilo de Jesús y a la vez mantenerse congruentes con sus propios valores culturales. En las familias occidentales donde están surgiendo patrones exageradamente horizontales de una cultura agresivamente individualista, existe la misma dificultad contextual para elaborar el modelo de fidelidad cristiana.

Fe, esperanza, amor y justicia

La Biblia no nos ofrece modelos detallados para las relaciones matrimoniales, pero sí nos brinda algo mucho más aplicable a lo largo del tiempo y de las fronteras culturales, más allá de las diversidades familiares. Nos presenta principios revolucionarios para organizar nuestras vidas, para reconstruir lazos que se desarticulan y para confrontar las injusticias de nuestra cultura de forma profética.

El principio central para las relaciones constructivas surge de la experiencia básica de la fe, la esperanza, el amor y la justicia:

La fe es el compromiso a una fidelidad activa; es fidelidad del uno al otro ante Dios. La fe es tanto una forma de percibir las cosas, como de hacerlas; es tanto creer como actuar.

La esperanza es el llamado a una confianza dinámica; es esperanza del uno hacia el otro ante Dios. Es tanto un impulso desde dentro del «esperanzado» que espera, como un llamado desde las posibilidades del futuro.

El amor es la decisión que hacemos de ver al otro como igualmente valioso; es la bondad que actúa con igual consideración hacia el otro. El amor es una forma de ver, sentir, pensar y actuar hacia el otro.

La justicia es el compromiso de elaborar, de forma que sea mutuamente satisfactoria y visible, una manera de intercambiar oportunidades, recursos y responsabilidades que surgen en el proceso de vivir con otros, con total igualdad; es un impulso creativo que busca ser justos en un pacto. La justicia va más allá de la restitución por una injuria recibida o de la redistribución de los recursos porque llega al descubrimiento redentor y liberador de lo que es verdaderamente recto, bueno y hermoso.

Estas cuatro virtudes —y virtud significa «fuerza espiritual»— son los centros de energía de cualquier unión perdurable. Nos proporcionan el espacio, la capacidad y la dirección para crecer activamente.

A medida que la relación matrimonial se transforma a lo largo de la vida —como debe suceder con cualquier vínculo vital— estos elementos clave dirigen y plasman la forma que va tomando. Mantener la fe en el otro, a medida que cambia nuestra vida, da como resultado una fidelidad que se niega a dejar de serlo cuando las cosas se ponen difíciles, lo mismo que un amor decidido no desea desvalorizar al otro, a pesar de los conflictos y contrariedades que puedan existir.

Si damos por sentado que sólo existe un modelo básico establecido en la Biblia, practicado por tradición y socialmente aceptado en una comunidad cristiana, entonces el potencial para crecer se limita a cumplir lo que se debe hacer de una manera mejor o poniendo más empeño. Muchas comunidades cristianas han intentado trasmitir exactamente ese tipo de norma: un patrón matrimonial único, un solo juego de papeles aceptable, una sola forma en la

EL CICLO DE LA VIDA MATRIMONIAL

	ETAPA 1 18-21 EL COMPROMISO INICIAL	ETAPA 2 22-28. COMPROMISO PROVISIONAL	ETAPA 3 29-31 CRISIS DE COMPROMISO	ETAPA 4 32-39 UNIÓN PRODUCTIVA	ETAPA 5 40-42 DEFINIR LA DIRECCIÓN	ETAPA 6 43-59 ABRAZAR LA TAREA DE LA VIDA	ETAPA 7 60- CELEBRAR LA INTEGRIDAD
	Cambio de la familia de origen a una nueva lealtad del uno hacia el otro.	Los niveles conscientes del pacto se aclaran y se va integrando la respuesta del otro.	Se toma conciencia de que comienzan a exigirse los niveles no verbalizados del compromiso. Afloran los niveles inconscientes.	El pacto se profundiza y se convierte en diversas tareas generativas: los hijos, el trabajo, los amigos, el servicio a la comunidad.	La trayectoria de la vida recibe una revisión y evaluación a mitad del camino. Se fijan metas futuras.	Resolver los conflictos y estabilizar el matrimonio para enfrentar los años más exigentes.	Se logra un sentido de integridad personal junto con sabiduría, gratitud así como un aprecio maduro por la vida, la comunidad y la humanidad.
Conflicto:	Los lazos originales entran en conflicto con la formación del nuevo pacto.	Incertidumbre acerca de la elección de la pareja, estrés debido a la decisión de ser padres o por decisiones vinculadas a la paternidad.	Se comienza a perder la identidad a través de la intimidad. La autonomía se pierde debido a la solidaridad. La unión es separación; el absorber al otro alterna con el abandono, el poder con la impotencia. Surgen los conflictos.	Formas diferentes de lograr productividad, programar el trabajo, criar a los hijos, fijar las prioridades, relacionarse con la comunidad.	Los miembros de la pareja perciben de manera diferente el «éxito» luchan por asuntos de valores, prioridades, itinerarios y el uso del tiempo.	Diferentes ritmos, direcciones, profundidad emocional y crecimiento espiritual. Los hombres se vuelven más dispuestos a vincularse y las mujeres más enérgicas.	Desesperación, estancamiento, pérdida de visión futura, aferrarse al poder por falta de la voluntad de confiar en la siguiente generación.

La identidad está todavía en formación mientras se está intentando forjar la intimidad.	La identidad se vuelve clara en algunos aspectos positivos.	La madurez es una crisis 1) De identidad que busca imponerse, 2) de intimidad que busca afirmarse, 3) sin que se pierdan una u otra.	La productividad es una crisis 1) De realización, la identidad usurpa a la persona, 2) la productividad absorbe las energías, y 3) el impulso del «éxito» desplaza las complicaciones matrimoniales, familiares, comunitarias.	La crisis de la mediana edad 1) De plenitud individual, alcanzar sueños personales, alcanzar metas; 2) de plenitud compartida, de metas comunes, de adaptación, de sacrificios, de reformular sueños.	Desarrollo vital 1) Preocupación por la plenitud de los logros de maneras inclusivas, 2) integración del amor que madura, libertad a los hijos, aceptación de la edad, 3) temor de perder la juventud, la salud, los sueños de la vida no cumplidos.	Crisis de integridad 1) De abrazar la vida y de haber vivido con un gozo profundo y con humilde sabiduría. 2) de ver la vejez, la vida y la muerte, como regalos del Creador para aceptar con gracia.
El matrimonio está en crisis (1) Por la separación de la familia de origen, (2) por la definición de la propia identidad, (3) por la unificación con otro, de manera íntima.	La paternidad es una crisis 1) Por el imperativo generacional de perpetuar una dinastía, 2) por resolver las deficiencias de la intimidad al aumentarse la familia, 3) por esclarecer la identidad como adulto.					
Matrimonio joven.	La llegada de los hijos.	La etapa de hijos en edad preescolar.	Etapa escolar.	Etapa de la adolescencia.	Años de despegue (el nido vacío).	Tercera edad, posjubilatoria.

que los cónyuges deben relacionarse entre sí. Esto violenta, no sólo la gran variedad de personalidades de las parejas, sino las diferencias que el matrimonio experimente en cada etapa de su desarrollo.

Los cristianos que buscan ser fieles a la totalidad de la Biblia —a toda la extensión de su mensaje y su alcance temporal— reconocen que no se encuentra un patrón normativo único para todos los matrimonios; lo que sí hallamos son los recursos esenciales para analizar y discernir cómo vivir matrimonios íntegros y saludables de acuerdo con las intenciones de Dios de posibilitar las relaciones de amor, fidelidad, esperanza y justicia.

Como concluyen Diana y David Garland, esta voluntad de Dios no homogeniza la totalidad de las relaciones humanas, pero las rearmoniza de forma creativa en cada edad, etapa y cultura.

> El mensaje de las Escrituras es temporalmente adecuado y a la vez eterno, pero su significado para las personas tiene diferentes énfasis y modos de impactar dentro de cada contexto, en tiempos y situaciones distintas. A medida que determinamos cuál es su mensaje debemos aplicarlo a nuestra manera de vivir juntos, en nuestra cultura. Para comprender lo que es el matrimonio para los cristianos, éste debe ser enfocado desde la experiencia cristiana de cada época y de cada cultura.[7]

A lo largo del matrimonio cada miembro de la pareja debe estar dispuesto al crecimiento, debe ser sensible a las necesidades, debe comprometerse a lograr el bienestar del otro tanto como el propio. De modo que cada uno se preguntará:

¿De qué manera puedo amar al cónyuge que Dios me dio con un interés verdaderamente igual al suyo?

¿De qué manera voy a elaborar una fidelidad activa hacia la persona que Dios me ha confiado, que implique verdadera fidelidad?

---

7 Diana S. Richmond Garland y David E. Garland, *Beyond Companionship— Christians in marriage* [Más allá del compañerismo, los matrimonios cristianos] Westminster Press, Philadelphia, 1986, p. 10-11.

¿Cómo podré ofrecer, y reclamar justicia e igualdad, a la pareja que elegí ante Dios, y garantizar que se haga realmente lo justo?

¿Cómo podré encontrar esperanza en los momentos de confusión y conflicto de modo que permitamos que nuestras vidas se forjen y reconstruyan en manos del Dios de la esperanza?

¿Si mi cónyuge eligiera la separación, cómo pudiera actuar de manera amorosa y responder con respeto a su derecho de decidir aun cuando yo no esté de acuerdo con esa elección?

EJERCICIO 1: EL CICLO MATRIMONIAL

Instrucciones. Hay muchos mapas o bosquejos diferentes que cubren las etapas del matrimonio. El siguiente es un resumen condensado de las fases de la vida, los conflictos peculiares a cada una de ellas y las crisis que emergen de una a otra etapa.

1. Mire los títulos que encabezan cada una de las siete etapas. Analice dónde está ahora.
2. Revise las etapas que ya ha pasado. ¿Ha terminado la labor de la fase que precedía a la suya? ¿Es capaz de elaborar la agenda presente sin sentirse invadido por el pasado?
3. Examine la etapa siguiente. ¿Está usted a punto de ingresar en ella? ¿Puede anticiparse a las dificultades? ¿Anhela liberarse de ellas?
4. Mire la serie de «conflictos» en la segunda fila de los párrafos que definen los más importantes de cada etapa. Analice cómo tratar el conflicto principal en este período.
5. Vea la serie final de párrafos que definen las etapas sucesivas de crisis matrimoniales. Explore la forma en que condujo las crisis en el pasado. ¿Cómo trata la que enfrenta en este momento?
6. Ahora mire la trayectoria completa del ciclo de vida matrimonial. ¿Cómo piensa sobrevivir a cada una de las crisis futuras? ¿Puede prometer que las convertirá en oportunidades de crecimiento?

7. Si su pareja decide separarse, ¿cómo puede actuar aun cuando tenga que manejar su propio dolor ante el rechazo, o experimentar la rabia por la elección que hicieron en su lugar, mientras lucha por descubrir cuál es su parte en el fracaso del matrimonio?

8. Si no recupera la esperanza del matrimonio ¿puede aceptar la pérdida? ¿Puede sacar lo que le sea provechoso del dolor? ¿Puede reclamar para sí lo que está intacto de su ser, de su fe, de su red de relaciones, y continuar su vida?

2

DIFERENCIAS

DIFERENCIAS

AJUSTE

Nos tolera-
mos, acomo-
damos, pasa-
mos por alto
nuestras dife-
rencias, y las
negamos,
para evitar
los conflictos
y obedecer al
sueño.

ELIMINAR

Tratamos de
eliminar las
diferencias en el
otro, exigiendo,
presionando,
manipulando,
los cambios.

APRECIAR

Descubrimos
que las
diferencias son
necesarias,
indispensables,
esenciales a la
persona y al
matrimonio.

CELEBRAR

Nos alegramos
de nuestras
diferencias. Les
damos la
bienvenida y las
desarrollamos en
el otro así como
en nosotros.

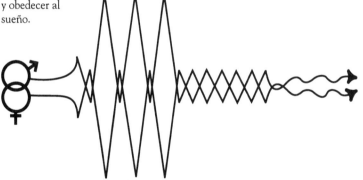

EVITAR CONFLIC-TOS

Negamos que
los conflictos
sean perturba-
dores o des-
tructivos.

ATACAR EN EL CONFLICTO

Acusamos,
excusamos,
atacamos,
defendemos.

ADAPTARSE AL CONFLICTO

Adaptamos los
viejos sueños y
adoptamos un
comportamiento
nuevo.

ACEPTAR LOS CONFLICTOS

Les damos la
bienvenida y lo
usamos para
crecer.

Elisa   vs.   Juan

«No conozco a este hombre. Una vez creí conocerlo, pero estamos de acuerdo en algunas cosas.

»Después de nueve años de vivir juntos me siento totalmente incomprendida, cada vez que tratamos de conversar, no entiendo por qué piensa de esa forma acerca de mí.

»¿Cómo es posible que un matrimonio con tantas esperanzas se vuelva tan vacío? Salimos juntos durante dos años, creíamos que compartíamos todas las cosas. Nos casamos con la bendición de las dos familias.

»Los dos teníamos buenos empleos y nos gustaba el trabajo. Por cierto que nos autoexigíamos bastante, pero nos quedaba tiempo para esquiar en invierno y salir de excursión en verano.

»Los tres años que no trabajé porque los niños eran pequeños me resultaron frustrantes. Juan viajaba mucho y nunca estaba en casa cuando lo necesitaba. Cuando regresé al empleo los dos nos enterramos en nuestros trabajos, si hablábamos de algo era sobre los hijos.

»No tuvimos demasiados conflictos hasta el año pasado. Ahora si él dice que es de noche yo digo que es de día. Si dice que es invierno yo digo que es verano. No estamos de acuerdo en nada. Si las cosas salen mal nos acusamos mutuamente por varios días.

»Juan se ha vuelto un extraño para mí».

«Nuestros problemas están sólo en la cabeza de Elisa. Cree que ya no la quiero, sólo porque a menudo no estoy de acuerdo con ella. Pero así es la vida: ¿qué tiene eso de malo?

»Mi padre y mi madre no estaban de acuerdo en nada. Y vivieron juntos durante 63 años. De modo que no entiendo por qué me hace esas escenas. Pienso que nos llevamos bastante bien si me comparo con otros.

»Elisa se queja de mi horario de trabajo pero pienso que es mejor si no estamos uno encima del otro. Uno tiene que saber adaptarse a ese ritmo si quiere progresar en la vida. Mi trabajo me tiene realmente corriendo pero me pagan bien.

»Ella critica mis itinerarios de viajes pero también está todo el día afuera con su trabajo. Dice que pongo el trabajo antes que la familia pero eso no es verdad puesto que lo hago por ellos.

»Se queja de que juego al golf pero necesito hacer ejercicio. Además generalmente juego con clientes a quienes debo atender, de modo que es parte de mi trabajo.

»Si dejara de intentar cambiar las cosas, creo que no habría problemas reales entre nosotros. Siento como si este fuera un matrimonio distinto al que teníamos hasta ahora. Es como si fuera una persona diferente a la del año pasado. Ahora que el más pequeño ya va a la escuela cualquiera pensaría que Elisa no tiene tanto de qué preocuparse».

El primer matrimonio —el de la satisfacción mutua— ha terminado. Ha comenzado el segundo matrimonio, aquel que busca eliminar las diferencias... y comienzan los ataques.

Nos casamos por lo que teníamos en común
Nos mantenemos unidos debido a nuestras diferencias.
Las semejanzas terminan cansando,
las diferencias atraen.
Las diferencias rara vez son causa de conflicto
en el matrimonio.
El problema surge cuando hay semejanzas.
Las diferencias son la ocasión,
las semejanzas son la causa.

Las diferencias pueden constituir el hecho desencadenante, el asunto por el cual se discute o «el hueso para roer», pero lo que crea el conflicto entre nosotros son las semejanzas que tenemos.

Esas mismas diferencias que al principio nos atraían, son las que más tarde abren una brecha entre nosotros y más tarde aún pueden volver a atraernos. Las diferencias primeramente nos atraen, luego nos irritan, después nos frustran, con el tiempo nos iluminan y finalmente nos unen. Esas características que nos intrigan durante el período de noviazgo, nos divierten al inicio del matrimonio, pero comienzan a causar fricciones con el tiempo son las que nos ponen furiosos en los conflictos a la mitad del matrimonio; pero al madurar comienzan a tomar otro significado y la singularidad de la otra persona se vuelve valiosa, aun con las mismas diferencias que al principio eran factores irritantes.

No es *el hecho* de que nos diferenciemos sino *la manera* en que lo tratamos lo que determina la felicidad o la infelicidad. Si nos diferenciamos, pero peleamos con estilos similares, nos involucramos, nos enredamos, quedamos prendidos del anzuelo de la pelea. Enganchamos al otro, nos prendemos de sus necesidades, bailamos juntos. Las semejanzas de nuestra danza individual se relacionan, se coordinan y finalmente chocan. Caemos en posiciones simétricas (similares) de acusar/sentirnos acusados, luego de defendernos/sentirnos atacados, de explicar/sentir que nos sermonean, de distanciarnos/sentirnos distanciados. Las combinaciones apareadas se forman debido a que se heredan patrones de discusión de origen familiar, que luego se vuelven notablemente similares después de vivir unos años juntos.

Sin embargo, los primeros años de matrimonio se caracterizan con más frecuencia por patrones que buscan evadir las diferencias, con el objetivo de mantener el lazo básico que une a la pareja. Esta negación dura a menudo de cinco a siete años antes de que se llegue a sentir un impulso fuerte por eliminar las diferencias que se expresan en el segundo matrimonio —dentro del matrimonio—.

Esta erapa del primer matrimonio dentro del segundo es popular. Como Carl Whitaker, uno de los más afamados terapeutas de familia, señala:

«Hoy en día, los matrimonios pasan por etapas de estancamiento en serie. El síndrome de los diez años o el escozor de los siete son los dos indicadores de nuestra preocupación social con este tipo de encierro entre dos individuos y dos fases de la personalidad».[1]

El «escozor de los siete años» es la señal que surje de la ansiedad que introduce en el «síndrome de los diez años» cuando se reconsidera la elección de la pareja, se revisan las expectativas y se renegocian los acuerdos matrimoniales. Eso ocurre si la relación tiene la suficiente estabilidad e integridad como para sobreponerse a las tormentas que acompañan el paso tempestuoso de un matrimonio al otro. A los siete años de vivir juntos la mayoría de las personas se enfrentan con el problema de abandonar la seguridad juvenil de los veinte y tantos años («Todavía me estoy buscando, descubriendo mi camino; soy libre de explorar y experimentar»), para entrar a los treinta («Estoy en la mitad de mi vida ahora, pertenezco a la generación adulta, debo tomar la responsabilidad de mi vida y mi destino»).

La autoridad se interioriza como plena responsabilidad personal, a partir de los treinta años en adelante. Los padres son semejantes a nosotros, los hijos revelan su naturaleza propia de tal modo que uno se descubre a sí mismo a través de las acciones de ellos y se mira con sus ojos. La nueva visión de mí mismo produce una concepción diferente de mi cónyuge. La vida parece diferente década a década y cada transición puede hacer detonar el fracaso del matrimonio o bien el descubrimiento de por qué nos casamos así como qué es lo que puede resultar de nuestra relación.

---

[1] John Neill y David P. Kniskern, eds., *From Psyche to System: The Evolving Therapy of Carl Whitaker* [De la psiquis al sistema: La terapia de Carl Whitaker], Guilford Press, New York, 1987, p. 45.

«A los veinte años pensaba que podríamos aceptarnos libremente y por supuesto de una manera total. En el calor del primer amor ese aprecio incondicional del uno por el otro parecía totalmente natural y correcto. Pero al pasar los treinta me vi en un lugar muy distinto. Sentí que ya me había adaptado hasta el límite de mi flexibilidad y que también quería que se produjera algún cambio en mi pareja».

La gente cambia —si es que acepta crecer— por esa razón los matrimonios también deben evolucionar. Sin embargo, la necesidad de seguridad, a medida que ocurren los cambios individuales podría llevar a las personas a resistirse a la evolución matrimonial. Se desarrollan simultáneamente tres procesos diferentes de crecimiento que se entrelazan y tejen entre sí: el tuyo, el mío, el nuestro.

> No sólo cada esposo y esposa se mueven a lo largo de su proceso individual de crecimiento y cambio encaminado hacia la madurez (conectado además con el paso del tiempo y las circunstancias sucesivamente diferentes de la vida adulta), sino que el mismo matrimonio atraviesa por desafíos periódicos y demandas de adaptación al cambio. Una buena forma de conceptualizar esto es pensar en términos de «el ciclo de vida *de ella*» y «el ciclo de vida *de él*» y ver el ciclo matrimonial como otra clase de entidad superior, un todo que es más que y diferente de la suma de los cónyuges involucrados íntimamente en la relación. La *relación misma* atraviesa por una serie de fases sucesivas, tiene su propia dinámica interna y desarrolla su propia agenda.[2]

Mi lucha personal por lograr la identidad, el descubrimiento de mis valores básicos y mi entrega vital, se transforma década a década, lo mismo que la de todos. Cada uno de nosotros tiene una vida que vivir no como un individuo aislado, sino como una persona que es centro de responsabilidades comunes. Nuestro matrimonio tiene una vida propia. Está constituido no sólo de las contribuciones

---

[2] Maggie Scarf, *Intimate Partners* [Amigos íntimos] Random House, Inc., New York, 1987, pp. 13-14.

de nuestras vidas, sino también de nuestras familias de origen, de la comunidad que nos circunda y marcha a la par de nuestros hijos con sus mundos respectivos de desarrollo individual y de nuestro vínculo con la «Comunidad del Espíritu» (la Iglesia) y la fe, la esperanza y el amor que dirigen nuestro peregrinaje compartido. El matrimonio «es más grande que los dos», «más que la suma de sus partes», «una tercera presencia cuando estamos juntos» «un tercer cuerpo».

El poeta Robert Bly habla de esta relación como «el tercer cuerpo» amado y valorado en sí mismo, separado y al mismo tiempo con continuidad a partir de cada uno de los cónyuges. Los dos se vuelven uno sin perder por ello su carácter dual, a pesar de esa unidad que los junta. Nadie es el dueño del matrimonio, pues se comparte. No debe ser dominado por uno de ellos, sino ser la expresión de ambos, no sólo la pareja es dueña del matrimonio, sino que es una posesión conjunta de la pareja y la comunidad. No se es responsable sólo ante el otro miembro, sino ante todos aquellos que están concretamente vinculados a él, histórica, biológica, social, legal y espiritualmente.

De modo que él persigue su propio peregrinaje de desarrollo a lo largo del ciclo varonil. Las etapas de su vida se despliegan desde la infancia, la juventud, la temprana adultez, hacia la integridad plena como hombre. Se vuelve un ser humano maduro.

Del mismo modo ella hace el viaje a lo largo de su camino singular por el ciclo de la vida como mujer. Su vida pasa de un período a otro mientras se forja su carácter (niñez) y se estructura su personalidad (en estado latente), su identidad (adolescencia y juventud) hasta madurar como mujer. Se vuelve una persona íntegra.

Ambos continúan desarrollándose en las décadas de crecimiento de los treinta, cuarenta, cincuenta, sesenta y setenta años. Este crecimiento puede ir sostenido y estimulado por el matrimonio o bien puede detenerse y ahogar el proceso hacia la madurez personal.

El matrimonio tiene un ciclo vital propio. Debe madurar a partir de la ingenuidad de la primera unión, a través de las tormentas y distanciamientos de las primeras adaptaciones, hasta llegar a la mitad del matrimonio, con sus reconstrucciones y transformaciones y alcanzar la madurez, cuando la relación se hace realmente posible.

La ansiedad generada por el cambio que vemos en el otro o por la modificación de las relaciones de la pareja, puede ser paralizante. No se tienen garantías de que el otro esté allí cuando más lo necesitemos o que llegue a ser la persona que necesitamos. El riesgo de abandonar lo que se conoce y aventurarse a lo desconocido es una condición necesaria para el crecimiento, pero ese dejar atrás algo para poder avanzar o ese morir para renacer, nunca es fácil.

Adaptación

«Si no las mencionamos o no nos fijamos siquiera en esas molestias, pronto se pasan. Nos adaptamos. Aprendemos a pasar por alto las diferencias. Eso es el amor: aceptar al otro pase lo que pase».

Si crecí en un hogar donde los padres nunca discutían, me sentiré muy ansioso si estalla algún desacuerdo. *Amar es pasar por alto.*

Si vengo de un hogar que tenía conflictos crónicos quizás me vuelva indiferente frente a estos. *Amar es absorber todo.*

Si vengo de un hogar donde los sentimientos, los pensamientos y las acciones se controlaban rígidamente es posible que tienda a inhibir mis sentimientos por completo. *Amar es inhibirme.*

Si en mi familia los acuerdos eran lo normal, entonces estar en desacuerdo es anormal. *Amar es estar de acuerdo.*

Si crecí entre personas que se sentían obligadas a leer los pensamientos y conocer los deseos del otro sin hablar, entonces intentaré comprender las cosas sin comunicarme. *Amar es poder leer la mente del otro.*

Si comencé la vida con la idea de que era necesario ser y sentirme, aceptado por la gente, entonces trataré de encajar perfectamente en sus deseos. *Amar es ser complaciente.*

Si vengo de un hogar en donde la lealtad demandaba que no viéramos la maldad, no dijéramos nada fuera de lugar, no escucháramos nada malo acerca de aquellos a quienes amábamos, entonces rechazaré todos los pensamientos y sentimientos negativos. *Amor es negar.*

Todos estos patrones de adaptación empujan a las personas a pretender estar unidos el uno con el otro cuando sería más sano que

EL TERCER ARMÓNICO

Una tercera persona
        camina con nosotros,
        trabaja con nosotros,
        habla con nosotros.
        Es ese nosotros
        en que nos estamos transformando.

Un tercer centro
        nos conecta,
        nos corrige,
        nos dirige.
        Es ese nosotros
        que estamos descubriendo.

Una tercera persona
        nos une,
        nos entusiasma,
        nos ilumina.
        Es ese nosotros
        que estamos abrazando.

En esta tercera persona,
        nuestra relación,
        donde nos fundimos sin confundirnos,
        nos mezclamos sin perdernos a nosotros
                mismos,
        podemos volvernos uno eligiéndonos
                mutuamente.[3]

_____

[3] Del autor.

hubiera disonancias o verdadera armonía. La habilidad de diferir cortésmente acerca de cuestiones triviales se aprende en la mayoría de los casos desde muy temprano en la vida, pero la capacidad de tolerar las diferencias profundas así como vivir en la ambigüedad y aceptar la confusión es una señal de verdadera madurez y salud emocional. Para poder llegar a apreciar esa confusión en el matrimonio, se requieren algunos años de crecimiento. El matrimonio joven con todos los impulsos que lo llevan a cumplir los mandatos de la familia de origen, tiende a asustarse frente a la adaptación. La acumulación de los sentimientos que se producen al suprimir las verdaderas emociones mientras «nos acomodamos» a las preferencias de la otra persona, crea tensiones que luego aparecen repentinamente de manera sorprendente y curiosa.

La adaptación como una primera fase del matrimonio nos ayuda a unirnos más al otro y también a identificarnos con lo que la otra persona tiene de único y especial.

1. *Unión*: A medida que dos personas comienzan a quererse, lo que los une es la atracción, el afecto y el estar predispuestos el uno hacia el otro.

La atracción, esa misteriosa mezcla de historia y biología, de emoción y racionalidad, de necesidad y de novedad, es un magnetismo en gran parte inconsciente a la vez que una decisión consciente. Nos sentimos atraídos hacia el otro por tendencias profundas de nuestra personalidad así como también por las semejanzas y diferencias obvias que nos alientan y entusiasman.

Formas de «amor» que nos llaman a la adaptación

Amor es estar de acuerdo.
Si me amas,
no difieras conmigo.
Diferir es rechazar.

Amor es cumplir.
Si me amas,
me debes obediencia;
tu deber es respetarme.

Amor es complacer.
Si me amas,
trata de complacerme.
La aprobación lo es todo.

Amor es rescatar.
Si me amas,
déjame que te rescate.
Soy tu salvador.

Amor es negar.
Si me amas,
no veas, no escuches,
no digas nada malo.
Simular es ser leal.

Amor es proximidad.
Si me amas,
siempre estarás de mi parte
y nunca te sentirás
distante.

Amor es controlarse.
Si me amas,
haz lo que yo deseo.
Actúa como te pido.

Amor es sentir ansiedad.
Si me amas,
tendrás temor de los que yo temo.
Siempre debes sentir lo que yo siento.

Cada una de estas formas de amor es condicional. Es amor que se da cuando uno complace con su actuación porque se vive según las demandas del otro. Ese amor no es tal cosa, porque le falta valorar los sentimientos y el cuidado del cónyuge como apreciamos los nuestros.

El afecto, el sentimiento cálido de sentirse unido al otro, hace que el magnetismo se convierta en afecto. Los deseos y las necesidades del otro comienzan a competir y complementarse con las nuestras.

La disponibilidad, el acoplar nuestra vida, nuestros planes, nuestras prioridades para estar al alcance del otro y con el otro, hace que la unión adquiera conexiones tangibles, medibles, confiables. El vínculo del amor se traduce en tiempo, el estar a disposición del otro es una evidencia inequívoca de afecto. Estos tres elementos del afecto requieren un acoplamiento dinámico.

En la atracción nos sentimos subyugados por algunos aspectos de la otra persona que nos entusiasman, a la vez que se desdibujan aquellos que van a hacerse notar después de un cierto tiempo. Cuando hay afecto nos acoplamos a los deseos y pedidos del otro a cambio de recibir la recompensa de afecto y el reconocimiento. Al comprometernos a estar disponibles, ajustamos los planes, acomodamos nuestro estilo de vida, reordenamos nuestras preferencias y ponemos nuestras prioridades a tono con las del otro.

Más tarde se vuelven a reconsiderar las elecciones de estos ajustes pero en esta unión inicial el inflexible se vuelve flexible, lo que antes no era negociable se abre a la negociación; nos unimos hasta la médula de nuestro ser íntimo. Este seudoyó que es nuestra parte «prestada» y negociable dentro de nuestra personalidad, se une con la personalidad que aflora en la superficie del otro. Por cuanto la proporción del seudoyó al yo íntimo es muy alta y como el desarrollo de este último progresa lentamente, la unión en esta primera etapa permite una compenetración fecunda de ambas personalidades. El yo íntimo se va estructurando lentamente desde adentro, se compone de aquellos valores no negociables que están profundamente afianzados y que yacen en el núcleo íntimo de la persona. Mientras más «yo íntimo» se posee habrá más personalidad; y cuanto más firme sea ese núcleo más integridad poseerá la persona.

> En la mayoría de las personas, el nivel de yo íntimo es relativamente bajo en comparación con el del seudoyó. Este puede funcionar bien en casi todas nuestras relaciones con otros. Pero en una relación intensamente emocional, como es la del matrimonio, el seudoyó de uno se mezcla con el del otro. Uno de ellos se vuelve un yo funcional y el otro un no-yo funcional.[4]

Al inicio del matrimonio es posible que los dos seudoyó se vuelvan realmente uno, pero temporalmente. Al transformarse en uno es sólo cuestión de tiempo que uno de ellos se vuelva dominante y el otro dominado, o bien, que ambos luchen por obtener el autodominio perdido debido a la unión.

2. *Ceguera*. La acomodación inevitablemente deslumbra a la persona que no ve gran parte de lo que es el otro. Además cada uno está predispuesto a ignorar gran parte de su propio yo. De manera que sólo comienzo a conocer mi yo cuando me vinculo con otros, el matrimonio es el proceso cultural más natural para lograr la autocomprensión. Es una especie de coterapia de crecimiento mutuo. A medida que lo inadvertido se hace evidente cada uno tiene el privilegio del autodescubrimiento, y la posibilidad de progresar en su desarrollo personal.

El diagrama de la figura 1 ofrece un cuadro de este proceso. Las dos dimensiones básicas de comprender nuestro yo y de comprender

---

4 Murray Bowen, *Family Therapy in Clinical Practice* [Terapia familiar en la práctica clínica], Aronson, Jason, Inc., New York, 1978, p. 201.

al otro, se visualizan como una ventana con cuatro divisiones. Los principios del cambio que opera en el proceso de descubrimiento matrimonial son los siguientes:

1. Un cambio en alguno de los cuadrantes afecta a todos los demás. Cuando uno de los miembros de la pareja saca a la luz algo nuevo acerca de sí mismo (reduciendo la fachada) todos los otros cuadrantes cambian.
2. Consume mucha energía el esconder, negar o volverse ciego ante la conducta, sentimientos, valores y temores que son parte integral de nuestro yo íntimo y por lo tanto del matrimonio.
3. La amenaza (ansiedad) tiende a disminuir la toma de conciencia, pero la confianza mutua aumenta la comprensión. Un desenmascaramiento forzado por lo general no tiene efecto. Es mucho más eficaz si brindamos y recibimos afecto e invitamos al otro a actuar con sinceridad.
4. Cuanto más pequeña sea el área de interacción y menos se tenga en común, tanto menor será la comunicación. Cualquier experiencia de aprendizaje interpersonal aumenta ese espacio y hace que disminuya el de los otros cuadrantes.
5. Ser sensible hacia el otro miembro de la pareja significa respetar lo que está oculto, aquello que no vemos o desconocemos, acatando la elección del otro de mantenerlo así todo el tiempo que sea necesario.
6. A medida que sea más grande el área abierta de actividades, más productivo, creativo y gozoso será el matrimonio. Aquellos que eligen la negación de los problemas tienen cuadrantes rígidos; los matrimonios que crecen tienden a agrandar el área abierta al crecimiento.
7. Los valores matrimoniales surgen a partir de la forma en que las personas tratan las áreas desconocidas de cada una de sus vidas. En el comienzo las personas tienden a ajustarse al otro y proteger lo desconocido en sí mismos. A mitad del matrimonio es posible que comiencen a confrontarlas conflictivamente o exponerlas sólo cuando están bajo presión. Al avanzar la unión ambos se autodescubren y realizan la fascinante exploración del otro.[5]

5 Joseph Luft, *Of Human Interaction* [La reciprocidad humana], Natural Press Books, Palo Alto, CA, 1969, pp. 13-16.

Al surgir el matrimonio en la etapa de adaptación, los miembros de la pareja descubren que ya no logran mantener lo que previamente habían ocultado y que ya no pueden resistirse a compartir lo que saben de sí mismos. Cada uno elige su propio camino para explorar lo desconocido o para huir. Algunos se repliegan a un falso compañerismo o adaptación congelada, una seudo mutualidad de buenos modales, tacto y actitudes protectoras. Otros escapan por la vía de la separación, que puede tomar la forma de una distancia silenciosa, o una fría coexistencia, o bien optan por el divorcio. Las dos son formas exageradas de eliminar la amenaza de lo desconocido en uno mismo y/o en el otro. El divorcio es invariablemente una tentativa de escapar de uno mismo y también de encontrarse a sí mismo.

¿Eliminaremos todo el estrés al replegarnos en la negación? ¿O en el divorcio? ¿O eliminaremos los elementos estresantes confrontándolos, demandándoles cosas y presionándolos para cambiar y vivir según nuestras exigencias?

Eliminación

«He tolerado su forma de hacer las cosas y definir nuestras relaciónes lo más que pude. Ya aguanté bastante. O él acepta al menos parcialmente, mi modo de ver las cosas o no podremos seguir juntos».

«Creo que teníamos una buena relación durante los cinco primeros años, pero en los dos últimos se ha ido empeorando. Ella no hace más que exigirme cosas, criticarme, quejarse todo el tiempo. Tendrá que dejar de perseguirme o terminamos».

El segundo matrimonio dentro del matrimonio surge con la aparición de los conflictos, esto tiene un aspecto que reviste más seriedad. Estos conflictos superficiales apuntan a los rumores amenazantes de cambios más profundos que comienzan a producirse por dentro. Como un terremoto que desarticula las veredas y raja los bloques del pavimento, los conflictos son una señal de movimientos profundos a todo lo largo de la plataforma que sostiene el piso de nuestra personalidad. La identidad de cada uno se ha ido forjando durante los primeros veinte años y a medida que la pareja ingresa a los treinta, con cinco o diez años de matrimonio, cada uno

LO DESCONOCIDO Emociones, conflictos, valores, heridas que ninguno de los dos conoce.	**FACHADA** Sentimientos, conflictos, valores, temores que conozco, pero que mi cónyuge desconoce.
LOS PUNTOS CIEGOS Sentimientos, conflictos, valores, temores que mi cónyuge ve en mi conducta, pero que desconozco acerca de mí mismo.	**ÁREA ABIERTA** Conocimiento que expresamos acerca de mis emociones, valores, actitudes y comportamiento.

CONOCIMIENTO QUE TENGO SOBRE MÍ MISMO
Se agranda el área abierta cuando nos abrimos y nos dejamos conocer

CONOCIMIENTO QUE MI PAREJA TIENE DE MÍ
Se aumenta el área abierta en la medida en que hay confrontación.
(Dar y recibir información)

Figura 1. La ventana Jo-hari y el matrimonio[6]

---

6 Ibid.

descubre nuevos sentimientos acerca de sí mismo y piensa cosas nuevas acerca del otro. Se avecina un tiempo de cambios pero el paso del primer matrimonio al segundo está marcado por las tormentas en el caso de algunos o por vientos congelados en otros, sin embargo, en todos los casos es afectado por un cambio significativo.

Las diferencias que frustran y confunden aparecen como factores irritantes que deben ser eliminados. Las demandas de cambios en el otro cónyuge surgen desde niveles emocionales sorprendentemente profundos. Las esperanzas de lo que debiera brindar el otro miembro de la pareja ya se han frustrado. Los temores acerca de lo que podía resultar de los dos ya se han concretado. No sólo parece adecuado el cambio, sino que se le ve como absolutamente necesario si la relación va a continuar.

James Framo, consejero familiar, escribe acerca de este tiempo de desesperación:

«Las agendas ocultas de los miembros de la pareja desafían la realidad. Las personas hacen demandas imposibles del matrimonio, basándose en la idea de que el cónyuge tiene la obligación de hacernos felices. Nadie puede lograrlo. No es posible pasar por la vida, con o sin cónyuge, sin experimentar en alguna medida el sufrimiento y la soledad. Sin embargo, los cónyuges se comportan como si el otro *les debiera* la felicidad como un derecho inalienable. Uno no puede obligar a nadie a que lo ame ni tampoco puede nadie hacernos felices».[7]

Los conflictos y el cambio traen un tiempo de intensa ansiedad. La seguridad de nuestro amor comienza a resquebrajarse. La posibilidad de la separación o, peor aún, de la coexistencia sin vida, nos resulta profundamente traumática.

«Me he casado con la persona equivocada», comienza a temerse. La inadecuación de la pareja y el contraste entre las necesidades de cada uno afloran a la superficie. El desgaste durante el primer compromiso al tratar de acoplarnos nos ha dejado la fatiga de ciclos repetitivos, exasperados e impacientes con irritaciones familiares,

---

[7] James Framo, *Explorations in Marital and Family Therapy* [Indagaciones en la terapia matrimonial y familiar], Springer Publishing Company, New York, 1982, p. 125.

falta de resistencia frente a las esperanzas frustradas y un profundo sentimiento de desilusión.

Lo que pasa a primer plano es la desilusión que sentimos respecto al otro. Él está envuelto en su trabajo. Ella está demasiado dedicada a su carrera. Él espera que la familia se adapte a sus necesidades pero es inflexible cuando otros lo necesitan. Ella esta mucho más entusiasmada con las relaciones y amistades que hace en su trabajo que por su matrimonio tambaleante.

«He elegido a la persona equivocada, con las ideas equivocadas acerca de lo que es el amor y la relación matrimonial», concluye uno. Comienza a surgir la idea de que ciertas personas son incompatibles por razones que son imposibles de cambiar o rechazar. Pero se trata de una situación creada por las personas y no de una característica imposible de cambiar en el matrimonio. Es el síntoma de una profunda desilusión con el cónyuge que se ha convertido en desesperación.

Más tarde surge la desilusión con uno mismo. «¿Por qué ha fallado mi matrimonio? ¿De qué modo he sido el factor discordante de esta relación? ¿Por qué no he podido llegar a ser el cónyuge que podría haber sido?» Interrogantes como estas circulan en el fondo de nuestra mente y perturban a la persona con el sentimiento de haber fracasado.

La tentación constante es la de enfocar nuestro enojo sobre los defectos y las limitaciones del otro, pero la irritación constante es el reconocimiento de que toda crítica hacia la otra persona es una confesión acerca de uno mismo. Cada falta que se ve en el otro es también una falla del que mira, tanto como del que es mirado. Cuando uno ve en el otro alguna falta que nos fastidia e irrita, es un síntoma innegable de que la falta del cónyuge es también la nuestra.

En realidad, nos casamos con la persona adecuada, mucho más acertadamente de lo que nos imaginamos. De una forma misteriosa, intuitiva, quizás instintiva nos sentimos atraídos por las semejanzas y las diferencias, por las necesidades y, ansiedades, por los sueños y los temores de elegir nuestro complemento, el reflejo de nosotros mismos en la otra persona.

Siempre nos casamos con la persona adecuada y descubrir ese acierto nos lleva al tercer matrimonio dentro del matrimonio. Comenzamos, por fin, a apreciar aquello que buscábamos eliminar.

Aprecio

«Fue como si de alguna forma misteriosa volviéramos a ena-
morarnos. Comprendí que necesitaba las mismas cosas que habían
llegado a molestarme de ella. Es más, no sólo no me molestaban,
sino que me sentí realizado con ellas».

Estas palabras son muy personales. Las he dicho yo mismo y las
he escuchado decir a esposas y esposos que se redescubren en la
mitad de su vida. He visto retornar la chispa del afecto, he sentido
la calidez renovada en nuestra unión a medida que el aprecio daba
la bienvenida a aquello que la frustración trataba de eliminar.

Lo que nos gusta del otro es aquello que invariablemente
tomamos a mal y que nos produce resentimientos del otro revela al
mismo tiempo un aprecio oculto. Sin embargo, a menudo estos dos
sentimientos luchan por eclipsarse o eliminarse mutuamente. El
resentimiento supera la estimación, la frustración hace desaparecer
la admiración. Un hombre se casa con una mujer que es capaz de
escucharlo y prestarle fiel atención, pero pronto descubre que su
silencio lo molesta. Ella se casa con un hombre que se expresa con
afecto y elocuencia, pero pronto termina cansada de su torrente de
palabras. A él le gustaban las orejas de ella, pero luego le disgusta-
ban; ella fue atraída por la misma boca que luego le repugnaba.

Uno ama al mundo exterior de la experiencia y deriva energía
de las emociones y estímulos que vienen desde afuera. El otro se
llena de energía a partir del mundo interior de ideas y reflexiones.
El extrovertido llega entonces a molestarse por la reserva del
introvertido. El introvertido siente resentimiento por la superficia-
lidad del extrovertido.

A medida que descubrimos que sabíamos más de lo que supo-
níamos cuando hicimos la elección de la pareja, el aprecio comienza
a encender una débil llama. Al apreciarnos descubrimos que las
personas que se casan *reflejan* a la otra. Hay un nivel semejante de
maduración, un juego paralelo de autocomprensión y autoacepta-
ción en la mayoría de las parejas que se eligen. Las dos expresan su
propia imagen y su autoevaluación a través de la persona que
eligen.

Las personas que se casan se *complementan* de una forma que
nos causa perplejidad, pero que es, sin embargo, muy pronunciada.

SIEMPRE NOS CASAMOS
CON LA PERSONA EQUIVOCADA

No sabías en realidad
lo que creías saber
cuando hiciste lo que hiciste
y dijiste lo que dijiste.
No sabías lo que necesitabas
o lo que necesitabas saber
al elegir al que elegiste
de modo que no puedes ver
lo que antes veías.

SIEMPRE NOS CASAMOS
CON LA PERSONA ADECUADA

Aunque en realidad no sabías
lo que creías saber,
tú realmente sabías
lo que necesitabas saber
cuando hiciste lo que hiciste.
Sabías más de lo que sabías,
e hiciste las cosas mejor
de lo que las hubieras hecho,
de haber sabido lo que no sabías.

Lo que faltaba se suple, lo que producía desequilibrio se estabiliza, lo que estaba dormido se enriquece por lo que era dominante en el otro.

Los que se casan *se merecen* entre sí. Si las cualidades que se entrelazan no hubieran existido, no habría el acople singular que se experimenta como amor. Él era lo que ella carecía y lo obtuvo, a él le faltaba aquello de lo que ella se vanagloriaba y recibió lo que merecía.

Aunque lo haga con humor, estas palabras revelan una verdad acerca del matrimonio que sólo puede expresarse con cierta ironía. En la etapa del matrimonio que denominamos apreciación, recobramos el sentido de humor que habíamos eliminado en el período anterior.

LAS PERSONAS QUE SE CASAN
SE *REFLEJAN* MUTUAMENTE

Me veo a mí mismo
como alguien amado y amante
a los ojos del otro.
Mi autoestima,
mi habilidad para amar,
se expresan en mi elección
y en el hecho de que fui elegido.

LAS PERSONAS QUE SE CASAN
SE *COMPLEMENTAN* A SÍ MISMAS

Lo que a uno le falta,
lo suple el otro,
lo que en uno es inmaduro,
en el otro es equilibrado.
Lo que es dominante en uno,
está latente en el otro.

LAS PERSONAS QUE SE CASAN
SE MERECEN UNO AL OTRO

Éramos de esa forma
desde el comienzo,
de otra manera, no hubiéramos encajado.
Nos volvimos de esta forma
viviendo juntos
o de lo contrario
no hubiéramos sobrevivido.

DE MODO QUE NO TIENE SENTIDO ACUSARNOS:
EMPATAMOS

Ahora podemos sonreírnos ante lo que antes nos parecía tan grave. La línea entre lo trágico y lo cómico es increíblemente fina. Los mismos hechos vistos antes con ojos airados como una tragedia, se vuelven cómicos. Con el regreso de un saludable sentido del humor el aprecio a la otra persona, con todos sus caprichos, se ve ahora como algo que podemos celebrar.

«Miro atrás y veo las cosas que nos hacían pelear, recuerdo lo que eran pero he olvidado por qué peleábamos. Si hubiera eliminado las diferencias en mi cónyuge o renunciado a las mías, hubiera sido una verdadera pérdida».

Celebrar

El cuarto matrimonio dentro del matrimonio irrumpe cuando la pareja comienza a celebrar las diferencias que antes los separaban. Lo que al principio toleraban, en un intento de acomodarse mutuamente, y más tarde trataban de eliminar en el otro, ahora es objeto de aprecio y de celebración porque esa singularidad personal se ha vuelto esencial en ambos.

Este período de relación profunda de la pareja descubre que los caprichos, las preferencias y las manías del otro no sólo son comprensibles sino que le agregan una cierta originalidad y valor.

En un período de menor madurez el esposo puede estar luchando para «rehacer» a su esposa, o ella puede desear que él quiera vivir de la manera en que se lo pida. Ahora todo eso se vuelve totalmente indeseable. La capacidad madura de apreciar las diferencias que atraen y complementan a la pareja, hace detener las viejas estrategias de hacer pasar por consejero o entrenador del otro.

El humor toma diversas formas y cumple una función diferente en este matrimonio. Ahora se ha convertido en un humor que festeja y acepta en lugar de ese humor incisivo que sirve tanto de pinchazo como para reírnos. Ahora los duelos se vuelven bromas y los aguijonazos juegos.

Los dos celebran el conflicto como un medio para crecer. Aunque antes su esperanza equivalía básicamente a tratar el conflicto, ahora buscan utilizarlo para escucharse con más claridad el uno al otro, para entenderse más cabalmente, para conocerse de manera más íntima.

Enfrentar el conflicto es una parte positiva del amor y del crecimiento, les quita el aguijón que antes tenían los enfrentamientos de voluntades. Durante el período maduro las mujeres tienden a mostrarse más comprensivas, los hombres menos aferrados a sus cosas. La tendencia a aceptar las limitaciones que se le imponen a las mujeres (debido a las normas opresivas de la cultura) ya se ha ido desgastando, a los cuarenta o los cincuenta se hace más apropiado reclamar el derecho de pedir lo que cada uno necesite, en lugar de aferrarse a lo que uno cree exigiendo lo que quiere. Los hombres que ocultaban sus sentimientos de ternura, que negaban su dependencia y mantenían sus debilidades escondidas detrás de una fachada de fortaleza, reconocen la necesidad de tener relaciones más flexibles, más positivas y más comprensivas.

Cuando una pareja ha llegado a la madurez del cuarto matrimonio, estos movimientos en direcciones opuestas no los hacen esquivar al otro sino que los unen. Ver los aspectos opuestos de la pareja, experimentar la novedad del reverso en la unión de las personalidades, es causa de diversión juguetona y hasta gozosa. Los dos disfrutan mutuamente y también participan del gozo que el otro demuestra en su nueva manera de interactuar.

Este gozo, de ser disfrutado por la pareja, es lo que queremos expresar al decir «*celebración*». Me deleito en tus diferencias, tú te complaces con las mías. Encuentro que tu forma de disfrutar me encanta y tú también lo sientes. El gozo requiere de un círculo completo. Es posible experimentar el placer solos pero la alegría es relativa, circular, recíproca, una interacción mutuamente recompensadora, un entrelazarse de espíritus, cuerpos, pensamientos y emociones. En cada etapa del matrimonio hay momentos de diversión pero la intensidad con que se celebren las diferencias y las semejanzas, los contrastes y lo que se tiene en común viene de la madurez de las personas y de la madurez de la relación.

EJERCICIO 2:
EL MANEJO DE LAS DIFERENCIAS_____

Instrucciones. Para tener una visión clara de las formas más frecuentes en que usted maneja las diferencias, complete el siguiente formulario. Aunque ninguna de las respuestas será el equivalente exacto de su propia manera de responder, trate de buscar aquella que le resulte la más usual y anótese 5 puntos. Las otras respuestas deberán ser evaluadas en orden de preferencia, desde las que sean más probables (5) hasta las menos probables (1). Le damos un número consecutivo a cada una, aunque es posible que haya diferencias más notables entre preferencias y rechazos de cada respuesta en particular.

Instrucciones: Evalúe las siguientes respuestas de 1 a 5, colocando *uno* en la opción menos aceptable y *cinco* en la respuesta preferida.

1. Hay momentos en los que quisiera en realidad que su pareja hiciera o planeara algo por, o con, usted:

   _____ a. Usted le dice claramente lo que quiere y le pregunta si está dispuesto a aceptar su plan o prefiere no participar.

   _____ b. Ya sabe con anticipación cuál es la respuesta más probable que le van a dar, de modo que trata de prepararse emocionalmente para recibir lo mismo que en sus experiencias anteriores.

_____ c. Le dice a la otra persona que haga lo que usted quiere exigiéndoselo directamente con un tono que anuncia una pelea si se rehúsa o si posterga la acción.

_____ d. Hace insinuaciones esperando que el otro —puesto que lo ama y le importan sus anhelos— intuya lo que usted desea.

_____ e. Trae a colación el tema de forma casual para probar el ambiente y tener una idea de cómo va a reaccionar el otro.

2. A veces no están de acuerdo sobre qué hacer durante alguna salida por la noche, a cuál restaurante les conviene ir o a quiénes invitar para salir juntos:

_____ a. No entra en conflicto sino que acepta la decisión de su cónyuge para mantener la armonía.

_____ b. Sugiere pensar en algo que les gustaría a ambos por igual.

_____ c. Decide que si hay algún tipo de desacuerdo, es preferible no hacer nada esa noche.

_____ d. Le hace saber cuánto le importa lo que ha elegido hacer, comprueba cuán fuerte es la preferencia de su pareja y hace un arreglo para llegar a un punto medio.

_____ e. Le señala a su pareja lo que le parece equivocado de su elección y defiende decididamente la suya como la mejor.

3. Se siente muy enojado con algo que dijo o hizo su cónyuge porque le pareció como una torpeza, un ataque o un desaire:

_____ a. Trata de sacárselo de la mente y ocuparse de otras cosas sin mencionarle cómo se siente.

_____ b. Encuentran un momento oportuno para salir a caminar juntos, en el que puedan comentar los sentimientos heridos y explicar por qué se sienten así y qué es lo que desearían.

_____ c. Sin dejar que se note que está enojado en absoluto, hace preguntas indirectas acerca de las acciones y motivos del otro.

_____ d. Explota en la primera oportunidad en que él o ella dice algo, diciéndole lo insensible que es esa acción y se descarga.

_____ e. Comenta que es posible que haya sentimientos acumulándose negativamente entre ustedes y le sugiere dedicar un tiempo cada uno a aclarar si tienen algún problema, y entonces si el otro le comenta algo usted también le expresa su malestar.

4. A veces la otra persona parece malhumorada o desanimada acerca de algo frustrante o deprimente:

_____ a. Le dice que ya es hora que deje de lagrimear y se muestre más animoso.

_____ b. Trata de distraer a su cónyuge para ver si logra alegrarlo.

_____ c. Le dice que está preocupado y le pregunta qué es lo que anda mal y por qué esta resentido.

_____ d. Le dice que está dispuesto a que se lo cuente si desea analizar lo sucedido.

_____ e. Respeta los sentimientos del otro, pero sigue adelante haciendo sus cosas y ocupándose de su vida hasta que ella decide cambiar de actitud.

5. Algunas veces tenemos un fuerte sentimiento acerca de algo y sentimos que el punto de vista de la otra persona está equivocado:

_____ a. Usted decide que no vale la pena hacer un enfrentamiento y que es preferible seguir adelante para mantener armoniosa la relación.

_____ b. Le dice a su cónyuge en términos bien concretos lo que piensa y le exige que esta vez coopere.

_____ c. Le sugiere que pasen un tiempo explorando opciones de modo que nadie pierda o gane y que aparezca una solución mutuamente satisfactoria, si fuera posible.

_____ d. Encuentra una solución que representa un punto intermedio entre ambos y lo invita a hacer lo mismo.

_____ e. Posterga la decisión con la esperanza de que el tiempo ayude a la otra persona a ver las cosas como las ve usted.

6. Le preocupa algo al punto de ver afectados sus sentimientos hacia su cónyuge:

_____ a. Sigue actuando como si nada lo molestara para no causar mayor estrés.

_____ b. No deja traslucir su preocupación pero saca el tema para ver si el otro comparte algunos de sus sentimientos.

_____ c. Se vuelve cauteloso y tenso para ver si logra sentimientos similares en el otro y poder así expresar el problema.

_____ d. Le dice a su cónyuge que está preocupado, le cuenta sus preocupaciones y le pide el apoyo que usted necesita.

_____ e. Le dice que ve que a él/ella no le importa lo que está sintiendo usted, y piensa que el otro ha estado ignorando deliberadamente lo que siente.

7. Su cónyuge hace algo que le causa gran satisfacción, usted está encantado con lo que hizo.

_____ a. Le dice cuán complacido se siente y le agradece por lo que hizo o por su forma de ser.

_____ b. Usted se dice: «Mejor es que disfrute de esto mientras dure, es probable que nunca lo vuelva a hacer, además es más de lo que me merezco».

_____ c. Se guarda los sentimientos y no los menciona.

_____ d. Le agradece por lo que hizo y busca una forma de devolverle el gesto, dándole una satisfacción similar.

_____ e. Le cuenta lo bien que él o ella actuaron al hacer lo que hicieron, le señala por qué no pudo suceder antes y por qué debiera seguir siendo así.

8. Le impacienta la lentitud de su cónyuge en cumplir con la promesa acordada o con la tarea prometida.

_____ a. Se saca de encima la irritación y le dice que le molesta que siga posponiendo las cosas.

_____ b. Decide que no es problema suyo y si él/ella puede vivir sin eso, usted también.

_____ c. Trata de ser extra bueno con su pareja, lo ayuda con sus tareas con la esperanza de que esto apresure la decisión de la otra persona de cumplir con lo prometido.

_____ d. Se ofrece a hacer algo por su cónyuge si él o ella llevan a cabo, a su vez, aquello que prometieron hacer.

_____ e. Analiza con franqueza el problema con su cónyuge, la demora transcurrida y lo que siente preguntándole de qué forma puede respaldar mejor sus resoluciones en el futuro, para no dejarlas en el aire.

Para evaluar sus respuestas anote los puntos en el número y la letra que corresponden a cada pregunta.

1.	a _____	e _____	d _____	c _____	b _____
2.	b _____	d _____	a _____	e _____	c _____
3.	b _____	e _____	c _____	d _____	a _____
4.	c _____	d _____	b _____	a _____	e _____
5.	c _____	d _____	a _____	b _____	e _____
6.	d _____	c _____	b _____	e _____	a _____
7.	a _____	d _____	b _____	e _____	c _____
8.	e _____	d _____	c _____	a _____	b _____

Total _____ _____ _____ _____ _____

| Colaboración | Acuerdo | Adaptación | Coacción | Evasión |

Colaboración: Una puntuación alta en la colaboración indica una preferencia por buscar soluciones mutuamente satisfactorias. Valoriza la franqueza, la honestidad y las conversaciones directas para poder elaborar las diferencias, sin por eso sacrificar las catacterísticas de personalidad y de perspectiva.

Acuerdo: Una puntuación alta en este aspecto muestra disposición a encontrarse a mitad de camino con el otro y elaborar juntos una solución que combine los deseos particulares. Valoriza las necesidades de ambos pero está dispuesto a ceder algo para ganar algo.

Adaptación : Una puntuación alta en esto sugiere una tendencia a cambiar las metas propias para mantener la relación. Pone mayor énfasis en una unión satisfactoria que se sostiene aun con sacrificios y en armonía a cualquier precio.

Coacción: Una puntuación alta demuestra la tendencia a usar el autoritarismo para lograr la colaboración. Revela una preferencia por tener el control de las cosas y por una conducta dispuesta a ganar o perder. El que coacciona insiste en que tiene la razón e identifica al otro como el que está equivocado.

Evasión: Un puntuación alta demuestra la tendencia a evitar el conflicto, a alejarse de los enfrentamientos y dejar que el tiempo y las circunstancias resuelvan las diferencias.

Los cinco tipos de respuestas pueden verse como la combinación de dos necesidades básicas de todo matrimonio: la necesidad de estar conectado al otro y mantener una buena relación y la necesidad de lograr las metas propias y cumplir con los valores que uno mismo tiene. Esto nos da cinco alternativas y demuestra los diferentes niveles de compromiso ya sea al confrontar o proteger la unión, o la combinación de ambas actitudes por medio del acuerdo.

Las puntuaciones preferidas siguen este orden: esforzarse por lograr la colaboración siempre que sea posible; lograr un acuerdo

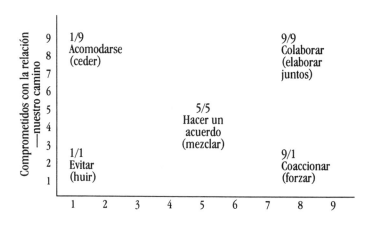

por un tiempo si es necesario; aceptar el reajuste como tercera opción y utilizar la coacción en cuarto y último lugar; la evasión no debiera usarse nunca o muy rara vez.

Compare la puntuación que obtuvo y hable con su cónyuge acerca de cómo intenta elaborar una mejor colaboración entre ambos y un acuerdo que funcione. Toda otra solución debería ser temporal hasta que la pareja pueda volver a buscar las mutuamente satisfactorias.

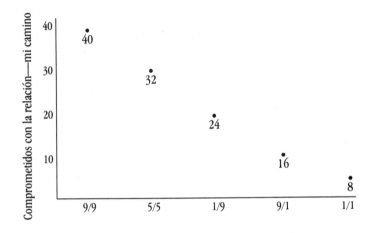

3

METAS

SUEÑO—DESILUSIÓN—DESCUBRIMIENTO—PROFUNDIDAD

Nos casamos para cumplir el sueño—personal, matrimonial, vocacional o algún sueño común.

El sueño nos falló o lo sacrificamos para lograr el de la profesión... U otro cualquiera.

Descubrimos la realidad más allá del sueño, nos descubrimos el uno al otro.

Profundizamos en nosotros mismos, en nuestro matrimonio, en nuestra vida juntos.

Julia

«Quiero sentir emociones. José es totalmente predecible. Me parece que comencé mi relación amorosa por simple aburrimiento. El sueño que habíamos aspirado ya se había esfumado.

»Nunca quise herir a mi esposo. Pero sí quería una reacción, algún signo de vida de su parte. Su silencio me parecía abandono, su paciencia la sentía como pasividad. Quería sentir algo, volver a saber que estaba viva otra vez.

»Cuando comencé a almorzar con otro hombre, él no pareció notarlo. Muy pronto dejamos de almorzar para ir a su apartamento, pero José no me hizo preguntas. Aun después de encontrar una carta de amor no mostró signos de emoción. Lo único que me dijo fue que nadie me querría como él.

»Cuando nos casamos hace siete años teníamos todo lo que yo había soñado: afecto, emociones, pasión. Me hacía sentir tan especial, tan amada. Volvía a la hora de almorzar para seducirme. Siempre estábamos juntos y las horas que debíamos estar separados nos resultaban insoportables.

»Ahora sólo tiene energías para su clínica dental y mucho tiempo para nuestra hija, pero nos hemos distanciado. Cuando pienso en su silencio distante siento que me recorre una oleada de furia.

José

«Me gusta la energía y el entusiasmo de Julia. Ella le pone color a mi mundo en blanco y negro. Trato de mantenerme a la altura de sus cambios pero esto ya sobrepasó los límites. Me mantuve callado cuando la vi atraída por otro hombre, pero ya no puedo soportar más.

»No tengo idea por qué se siente infeliz con nuestro matrimonio, ni por qué se enredó con otro. Le he brindado el amor constante y la fidelidad que creo que se merece. ¿Qué más le puedo dar?

»Los primeros tres años estuvimos muy unidos. Yo estudiaba para ser dentista y ella para terminar su carrera de arte. Teníamos mucho tiempo para divertirnos. Pero luego comenzaron mis prácticas y ella quedó embarazada. Tuvimos que ponernos a trabajar para lograr nuestros sueños. Justo cuando todo comenzaba a ir sobre ruedas, ella lo echó todo a perder. He tratado de seguir afectuoso y comprensivo pero hay un límite para todo. Cuando pienso que se mete en la cama con ese tipo me vuelvo loco. No le he dicho nada para que se vaya pero ya no puedo aguantar más».

Siete años de matrimonio, el sueño se está esfumando, el matrimonio está muriendo. Quizás está naciendo de nuevo. Un matrimonio termina... ¿Comenzará otro?

> El matrimonio es como seguir un sueño.
> El sueño de amar y ser amados;
> de querer a alguien y ser querido en respuesta,
> de fundirnos en el otro
> y de ser abrazados con fervor.
> De comprender al otro y ser comprendidos.
> De sentirnos seguros y
> garantizar que el otro también lo esté.
> De sentirnos plenos al cumplir los sueños del otro.

Pero los sueños, como todos los sueños, se forman de los temas menores que enriquecen o empobrecen la melodía central del amor. Estos temas sutiles o estridentes podrían decirnos que:

> dominamos o nos dominan,
> rescatamos o nos rescatan,
> criamos o nos crian,
> buscamos justicia por injurias pasadas,
> redimimos tragedias o errores pasados,
> nos expresamos sin censuras emocionales,
> nos liberamos para ser lo que nos prohibían ser.

Los temas de nuestros sueños son tan variados como nuestras individualidades, tan enredados como nuestras familias de origen, tan complejos como las necesidades que traemos consciente o inconscientemente, al altar y a la cama matrimoniales.

El matrimonio nace aun antes de las fantasías y los sueños de nuestras relaciones de la infancia, cuando nos enseñan lo que es dar y recibir amor. En realidad, nuestro matrimonio está enraizado en el de nuestros padres y abuelos. El sueño prende muy temprano y se enseña inconscientemente en el contexto de las familias de origen.

El sueño de un hombre especial, distinto, único en el mundo, se forja en la niña y emerge en la mujer. El sueño de la mujer perfecta que encarnará todo lo que es femenino, excitante, pleno, se forja ya en el pequeño que busca el pecho materno.

En realidad no hay un comienzo para el sueño puesto que se continúa desde la familia de origen que extiende los sueños individuales de los miembros y los sueños colectivos de la mitología familiar. Yo expreso las esperanzas de la familia, sus valores, sus temores, sus expectativas. Al transformarme en una persona responsable de mis elecciones, he alterado, reformulado, resistido y recreado algunas partes de ese sueño.

Pero al examinar las cosas de cerca veo que continúan presentes más de las que una mirada casual de mi conducta o de mis planes futuros alcanza a ver. Si miro más cuidadosamente el pasado aparecen los sueños de la familia, saltan a la vista las semejanzas entre las generaciones, surge la continuidad ya sea por la forma en que he repetido las viejas expectativas, o he reaccionado en dirección contraria. El matrimonio de mis padres y aun el de mis abuelos a los que nunca conocí, influyen en el mío. Me siento enriquecido y también limitado por el modo de actuar que son los complejos patrones que se formaron de una variedad de matrimonios anteriores al mío y que fueron aprendidos por admiración o por imitación así como también por resistente reacción o repetición vengativa.

Aquello a lo cual nos resistimos, persiste. Lo que nos ofende a menudo es repetido por nosotros. Tendemos a reproducir las cosas ante las cuales reaccionamos. Muchas veces contribuimos a producir lo que tenemos debido a nuestra reacción exagerada, nuestra rigidez y nuestra incapacidad de elegir libremente. De modo que el sueño romántico que nos atrae a la intimidad y a una relación amante se oscurece por otros sueños que incluyen temores y resentimientos que son innegablemente poderosos.

El sueño del matrimonio que cada uno de nosotros proyecta sobre la pantalla del ser que amamos es en realidad un racimo de sueños positivos y negativos, elegidos y contagiados, fantaseados alegremente y cautelosamente temidos. Este mundo de ensueños tan rico, emerge tanto de nuestro pasado cercano como lejano, y teje la trama de nuestras emociones, percepciones y acciones que se incorporan al nuevo matrimonio.

Cuando dos personas se unen en una vida, comienza la hora del ensueño.

El matrimonio no es el único sueño. Flota a la par de otros sueños importantes: la carrera y la vida laboral, el éxito y la estima del medio que nos rodea, la felicidad que celebra las relaciones significativas en el amor, el trabajo, la vida común. Nuestra familia y cultura nos sugieren cuáles sueños serán los más fuertes; los del matrimonio, los de la paternidad/maternidad, los de la profesión, los de la personalidad. También nos dicen cuáles sueños deben subordinarse, sacrificarse o ignorarse. A menudo el sueño es una mezcla de todos los mencionados, sin que sintamos conscientemente las prioridades.

El sueño

Los primeros atisbos del sueño aparecen en las fantasías, los juegos y los entretenimientos de la niñez. Los sueños de nuestros padres y hermanos aparecen a nuestro alrededor y nos muestran las sendas para seguir los nuestros. La profesión de la familia, sus entretenimientos favoritos, sus posesiones y sus pasiones en la vida, expresan el sueño familiar que heredamos. A partir de la riqueza o de la pobreza del sueño familiar comenzamos a imaginar nuestro futuro.

LOS SOÑADORES

Un hombre y una mujer,
jóvenes y hermosos,
atraídos por su pasión
y por la atracción de su físico,
se sienten arrastrados
por sueños tiernos,
de constante añoranza,

de sentimientos eróticos,
de un deseo de estar con el otro
para siempre.
Cautivados por el sueño
obsesionados hasta volverse adictos
y dispuestos a arriesgarlo todo
por él,
por llevar a cabo su amor,
desafían la razón,
se ríen de la dura realidad,
se plantan solos contra el mundo,
ignorando las objeciones de los demás
y creyendo en su destino
de amarse para siempre.
Enamorados el uno del otro,
enamorados de la emoción de amarse,
enamorados del amor,
cada uno piensa que el otro
podrá cumplir el sueño:
Ella será su sueño,
él llenará el suyo.

Las ambiciones de la adolescencia y las fantasías de la juventud, excitan las posibilidades de vivir más allá de los horizontes de la familia. El sueño, al surgir, es necesariamente idealista, es más grande que la vida, está más allá de nuestros talentos. Todo parece posible, todo se arreglará, lo inesperado sucederá y el gran salto se hará realidad.

A medida que el sueño se desarrolla, se va estrechando. Cada elección elimina las opciones. Cada paso limita las sendas que se abren y el sueño se reformula en la identidad personal, al elegir la carrera o la educación, el lugar donde vivimos, las relaciones, los éxitos y fracasos, el matrimonio, los hijos, el hogar, las ocupaciones.

El sueño siempre representa *una parte* de nosotros mismos. Su búsqueda demanda la pérdida o el sacrificio de las partes de uno que no logran ser realizadas o no pueden ser incluidas en la obtención de la meta. El sueño no sólo implica la utilización de tiempo, esfuerzos y riesgos, sino que también hay un precio interno que pagar: las opciones, talentos, preferencias y valores no desarrollados. «El camino que no tomamos» continuará ante nuestra vista mientras avanzamos por la senda que elegimos.

Al principio, el sueño es una vaga sensación de lo que es posible, una visión pobremente articulada de lo que puede ser, que está tenuemente conectada con la realidad. Gradualmente, el sueño se visualiza con claridad y se articula con nitidez en el pensamiento de la persona. A lo largo de la etapa de formación y educación, el sueño sirve de señuelo. Para algunos se estructura como la meta de la vida. Para otros se mantiene implícito como un suave empujón desde atrás al que no se le permite total cabida o que se exprese con franqueza.

Si uno se gradúa como físico o biólogo, el sueño puede apuntar entonces hacia el Premio Nobel. Para un periodista o escritor el sueño puede aspirar a obtener un Pulitzer. Para el atleta, el artista, el abogado, el ejecutivo, el sueño tiene su propia forma, su propia recompensa.

EL SUEÑO

> puede ser modesto
> o heroico,
> vagamente delineado
> o claro como el cristal,
> una pasión ardiente
> o una callada fuerza guiadora,
> una fuente de inspiración
> y de fortaleza,
> o un corrosivo desgaste.
> Mi vida se enriquece
> en la medida que tengo un sueño
> y le doy el lugar apropiado
> dentro de ella,
> un lugar
> que es legítimo
> y viable para mí
> y para el mundo en que vivo.

Si no tengo un sueño
o no encuentro una senda
para vivirlo,
mi vida carece
de verdadero propósito.
y no tiene significado.[1]

El matrimonio y el sueño

Perseguir un sueño no es prerrogativa de la mujer o del hombre, pero se ha exagerado más su importancia en el estilo de vida masculino. Daniel Levinson y asociados describen en la obra *The Seasons of Man's Life* [Las etapas de la vida del hombre] las funciones del sueño en la conducta de cuarenta hombres sometidos a un estudio. Lo que emerge es un lamentable patrón de esposos adictos al trabajo que persiguen «El gran sueño americano» mientras dejan a sus esposas encargadas de las «pequeñas realidades cotidianas».

Esta polarización crea un contrato matrimonial distorsionado ya que un supuesto básico de un hombre así, es que su esposa lo ayudará a obtener su sueño. Un matrimonio entre un médico y una enfermera no cuenta con un acuerdo claro de reciprocidad, al principio es posible que ella consienta en apoyarlo en aras de su seguridad, del *status*, o de los bienes materiales, pero luego descubrirá que el costo es mayor que el previsto.

Al apoyar el sueño de él, ella pierde el suyo, y así frena su desarrollo personal hasta que más tarde ambos tienen que pagar el precio. Este tipo de dinámica suele aflorar en períodos de transición alrededor de los 30 años o en la transición de la mitad de la vida.[2]

A medida que avanza la polarización del contrato matrimonial, los esposos adictos a su trabajo suelen presentar una fachada agradable, razonable, atractiva, mientras que a las esposas se les ve siempre molestas, enojadas, deprimidas.

---

[1] Daniel Levinson, et al., *The Seasons of Man's Life* [Las etapas de la vida del hombre], Alfred A. Knopf, Inc., New York, 1978, pp. 245-246.

[2] Ibid., p. 109.

Al hombre, su sueño le exige lograr el éxito y ser trabajador, competitivo, ambicioso. Una vez que ha invertido toda su personalidad en el sueño, cualquier fracaso puede llevarlo a sentirse incapaz o despreciable. De modo que exige apoyo, la comprensión y el aliento de su esposa a la vez que la aceptación de sus largas ausencias y de hacerse cargo de los hijos.

> Los componentes de este sueño aparecen en escenas como la decisión de lograrlo a fuerza de coraje, esfuerzo y determinación lo cual puede verse en las siguientes características: (a) La razón y la lógica son los medios para lograr el sueño; (b) la fuerza, el coraje y la determinación se demuestran al mantener los sentimientos escondidos y reprimir, negar y evitar cualquier expresión de emociones que delaten vulnerabilidad, debilidad o lo que es peor, incapacidad.[3]

El estar orientado hacia el éxito le exige esforzarse mucho para tener el aspecto apropiado y dar una buena impresión. La ropa, el auto, la casa, la esposa y los hijos, son todas formas de exhibirse en valores que van del 1 al 5. Los valores de la familia se estructuran por su necesidad de presentarse a sí mismo en público, con la mejor imagen posible.

Para la esposa, el sueño significa que ella tendrá que hacer todo lo que la familia requiera y que él descuida. Ignorante de las realidades triviales de cada día, él depende de ella para llevar adelante la tarea de la crianza que le corresponde a los dos. Aparentemente inconsciente de las tareas «mundanas» y de las labores «triviales», él vuelca todos sus esfuerzos en el «trabajo importante» de obtener éxito y lograr una imagen de triunfador. Cada vez que ella lo confronta con las pequeñas realidades, su manera de negarse o evadirlas provocan la irritabilidad y el enojo crecientes en ella.

A medida que el matrimonio se polariza en esos papeles, lo que era un sueño intangible se convierte decididamente en el proyecto de vida de él y en la dura realidad del trabajo rutinario para ella.

---

[3] Luciano L'Abate et al., *Family Psychology* [Psicología familiar], University Press of America, Washington, DC, 1983, p. 82.

Cuanto más «atractivo» se vuelve él para el público más desagradable se le hace que ella lo enfrente con la necesidad de cuidar de la familia. Cuanto más expresiva se vuelve ella acerca de sus sentimientos de aislamiento y alienación, tanto más inexpresivo se pone él en su negativa de aceptar que hay problemas en la casa.

Si el sueño está casi al alcance de su mano y el éxito comienza a coronar su adicción al trabajo, entonces el abismo entre su autoimagen y la imagen que ella tiene de él se vuelve más grande. Cuando él ya no pueda seguir reconciliando esas discrepancias mostrará probablemente su frustración volcándose aún más en su trabajo y sus éxitos, o ampliará su infidelidad agregando una amante, o recurrirá a alguna adicción gratificante o se volcará obsesivamente al golf o practicará otro deporte o asistirá a espectáculos deportivos.

Este patrón complementario entre el Señor soñador y la Señora soñadora es restrictivo y destructivo para ambos. El soñador ejecutivo que absorbe a su asistente soñadora pierde el respeto por sí mismo, un tanto explotador, y pierde el respeto por ella por ser explotada. La persona que permite ese grado de asimilación pierde su autoestimación y no puede apreciar tampoco al otro. Sin embargo, este modelo es el más común para resolver los papeles y los conflictos al principio del matrimonio. Está forjado por el sueño de hacer que uno cumpla social, económica y vocacionalmente en una cultura orientada hacia el éxito, alimentada por el romanticismo, la mística confianza en la atracción emocional y el apego a «alguien especial».

En una relación que crece, cada miembro de la pareja se vuelve una persona «especial» para el otro, dentro del drama del sueño. Cada uno se convierte en el mentor del otro y busca animar, liberar y facilitarle esa parte de su ser que se nutre del sueño. Él le acepta para que ella pueda cumplir su sueño, ella lo anima a perseguir su anhelo. Los dos cumplen en diferentes momentos, el papel de animadores, auspiciadores, críticos, guías, motivadores y oyentes. Cada uno de ellos estimula al otro a descubrir ambos lados de su yo interior: los polos masculinos y femeninos de la creatividad. Cada uno ayuda al otro a plasmar los aspectos individuales y de conjunto del sueño, comparte la visión de la pareja, cree en él como su héroe, bendice el camino que toma recibiéndolo al volver cuando necesita su apoyo y estímulo.

En décadas pasadas, el sueño era la prerrogativa del hombre, «la mujer especial» servía de alma, era un ser ideal que lo apoyaba. En nuestros, días los dos tienen igual derecho a soñar, y merecen y requieren el apoyo del cónyuge. Ninguna de las identidades puede ser devorada por el sueño del otro y ninguno tiene el derecho de someter la identidad del otro para cumplir su propio sueño.

Sin embargo, estos dos errores —la total inversión de nuestra identidad en el sueño y el usurpar la identidad del otro— son extremadamente comunes. Vivir sólo para el sueño haciéndolo el proyecto total de nuestra vida es despilfarrar el privilegio de estar plenamente vivos el uno con el otro. Eclipsar al otro miembro de la pareja para servir al sueño propio, entorpece el crecimiento de ambos.

El romance y los sueños

> Cuando nos casamos, hace siete años, teníamos todo lo que habíamos soñado. Afecto, emoción, pasión. Él me hacía sentir tan especial, tan amada. Volvía a la hora de comer para seducirme. Siempre estábamos juntos y las horas que debíamos estar separados nos resultaban insoportables.

El sueño del matrimonio está entretejido con las canciones que cantamos, los filmes que nos emocionan, las novelas que cautivan nuestra imaginación, el estilo de vida de las personalidades que vemos como descollantes, los valores de nuestra comunidad de fe y el carácter de nuestra vida familiar pasada. En la familia occidental, el tema dominante en todas ellas es el romanticismo.

El amor romántico es una intensa sobreestimación, un engreimiento inconsciente, una proyección idealizada que eleva al otro a nivel de ídolo, lo hace, en efecto, para protegerse del verdadero rostro del amado.

El amor romántico se cantó por primera vez en el siglo doce por los trovadores de Europa occidental, lo practicaron los cortesanos que amaban a las damas de la aristocracia desde lejos, fue idealizado en la literatura y en las obras de teatro, y adoptado como valor cultural en los círculos de la sociedad occidental.

El amor romántico puede nacer y nutrirse del fervor de un caballero feudal que adora a una dama con un amor imposible y sólo puede añorar sin esperanza de cumplir su anhelo. Este amor no correspondido le fue otorgado por azar, estuvo predestinado para él por el poder del «amor» y lo considera más allá del control de la racionalidad. El caballero —casado sin duda con una esposa de su propio nivel social— era capaz de tener alguna relación extramatrimonial por esta mujer, casada a su vez por alguna tradicional alianza política familiar.

Este amor romántico es una base imposible para una relación duradera. Denis de Rougemont, que escribió sobre la historia del amor, cree que el romanticismo no puede sostener nada perdurable. «Estamos en el proceso de experimentar —y fracasamos miserablemente— uno de los fenómenos más patológicos que ha podido imaginar la sociedad, basar el matrimonio en el romanticismo, lo que es, necesariamente, pasajero».[4]

El amor romántico es para aquellos que sueñan con el otro a la distancia, no para quienes viven juntos todos los días. Es para aquellos que añoran una unión pero sólo pueden salvar la lejanía por medio de la fantasía, aquellos cuyo fuego pasional se excita por medio de la imaginación, pero que nunca lo enfría por la consumación. El ideal romántico se rompe fácilmente ante la realidad, su perfección mística no se puede igualar a las falibles relaciones humanas.

El amor romántico que emerge de los niveles más tempranos de la personalidad, nace y se nutre en el inconsciente. Cuando el amor es «verdadero amor» se supone que *lo* sentiré y *lo* conoceré, cuando *ello* me sacuda como un rayo. Sobrepasa el sentido racional dejando a un lado las objeciones, supera todos los obstáculos. El *ello*, término técnico para el subconsciente, es un impulso profundo y poderoso que viene desde adentro, una erupción intuitiva que proviene de procesos inconscientes que inundan el alma con una visión romántica de la otra persona.

En el romanticismo clásico, como en el de la Edad Media en adelante, la pasión suprema que llevaba a la persona a añorar al amado, contenía un ingrediente esencial de búsqueda de una unión

---

4 Denis de Rougemont, *Love in the Western World* [Amor en el mundo occidental], Doubleday Publishing Co., Anchor Press, New York, 1948, p. 452.

finalmente trágica, que sólo la muerte hacía posible. La pasión es dolorosa. Su fuego se alimenta de los obstáculos insalvables que separan a los amantes. Es la *búsqueda* la que alimenta esos sentimientos tan intensos, no el *encuentro*; son las barreras las que inflaman la obsesión, no el obtener el gozo extático de estar unidos. Tales amantes no estaban enamorados uno del otro, sino que cada uno estaba enamorado del amor y del yo pasional con su pasión erótica urgente, ciega y absorbente.

> El desenlace lógico
> y normal
> del matrimonio
> fundado sólo
> en el romanticismo,
> es el divorcio,
> puesto que
> el matrimonio
> mata el romance;
> si el romanticismo
> vuelve a aparecer,
> volverá
> a matar
> al matrimonio,
> por su incompatibilidad
> con las razones mismas
> por las cuales
> se contrajo.[5]

El mito del amor romántico ofrece un canal inconsciente para calmar vicariamente a esos impulsos misteriosos hacia el amor salvaje, pasional que son temidos porque uno sabe por instinto que una pasión incontrolada sería destructiva si se viviera sin restricción. El amor romántico se alimenta de los obstáculos y las dificultades que llevan inevitablemente al sufrimiento, al dolor y posiblemente a la muerte, si se persiguiera con una intensidad sin freno. Alimenta

---

[5] Ibid.

el círculo vicioso de la persecución pasional, la captura, la desilusión, el divorcio, una búsqueda renovada.[6]

El ideal del amor romántico —el sueño— puede quizás atraernos al matrimonio, pero es lo real —la realidad cotidiana— lo que caracteriza la mayor parte de nuestra vida en común. Convivir en la discrepancia entre estos dos niveles a menudo requiere que el sueño y la realidad se mantengan a distancia sin confundirse. El entusiasmo del sueño y el agotamiento de la rutina diaria, requieren que uno sea idealista y práctico a la vez, sensual y estoico, imaginativo y mundano. La cultura occidental nos enseña a creer en el amor romántico, aun cuando reconoce que las relaciones rara vez se desarrollan de esa manera. El cuadro que nos dibujan y la realidad con la que nos encontramos se fusionan en momentos de experiencias «cumbre» pero no en los encuentros diarios.

AMOR ROMÁNTICO

El amor romántico es una tela entretejida con:

Admiración

Julia admira todo lo que hace José. Le impresiona su aspecto, su inteligencia, su ingenio y su sabiduría.

Indulgencia

José le da a Julia todo lo que anhela tener una mujer; joyas y pieles, una casa y un auto, satisface cada antojo y cada gusto.

Control

Julia tiene que saber y aprobar todo lo que hace José. Cuando él se niega, ella llora y dice que ya no la quiere. José no aguanta verla triste, de modo que cede a sus deseos.

Explotación

José se aprovecha de Julia porque da por sentado que ella le proporcionará compañía, atención, sexo cada vez que lo necesite.

------

6 Ibid., pp. 295-304.

Si se interpone algo entonces ella queda plantada, pero cuando le resulta conveniente a él, realmente la quiere.

Obediencia

Julia responde a las necesidades de José de la mejor forma posible. Se adapta a sus cambios emocionales, complace sus necesidades físicas, se preocupa más de los deseos sexuales de él que de los suyos.

Lealtad

José en su permanente devoción por Julia pasa por alto sus malos hábitos, ignora cualquier debilidad en ella y se dispone a defenderla si alguien la critica en cualquier aspecto.

Consideración

Julia se esfuerza por no decirle nunca nada hiriente a José para proteger su «frágil ego masculino». No importa cuan cansada o agotada se sienta, las necesidades de él siempre se atienden primero.

Posesional

José demuestra su amor por Julia a través de sus celos. La ama tanto que no puede aguantar la idea de que ella disfrute de la amistad o de la conversación con otro hombre.

Fidelidad

José se debe a Julia y sólo a ella le es sexualmente fiel desde que se enamoró. Mientras cumple con lealtad con su cuerpo se siente tranquilo.

Sexualidad

José y Julia comparten el encuentro sexual y su descarga liberadora, al menos José. No quieren amenazar este nivel de intimidad conversando acerca de lo que sienten o de sus esperanzas ni de su dolor y desilusión.

Romance

José y Julia sienten el amor en su máxima intensidad cuando están solos y escuchan música suave, tienen prendidas las velas sobre la mesa y hablan de recuerdos apreciados por ambos. Por ejemplo, cuando vieron la llama del amor en los ojos del otro.

Destino

José y Julia van a vivir felices toda la vida. Su amor salvará todos los obstáculos. Nunca tendrán que decir «lo siento». Fueron hechos el uno para el otro.[7]

El amor romántico es una tela entretejida con expectativas. Uno admira al otro y este a su vez se complace con ello. Uno controla de manera amorosa, el otro explota de manera amante. Uno obedece para obtener amor, el otro protege y recompensa. Uno es altamente posesivo, el otro es leal y fiel. Pero como tienen tan altas expectativas el uno en el otro, todo lo anterior podría revertirse o intercambiarse, al compás de su compleja danza. Porque admiro a mi pareja la mimo. Ella me devuelve la misma consideración por medio de su tierno sentido de posesión. Todo es interpretado como la expresión de ese amor romántico al que fueron destinados.

Esta red fascinante, formada de expectativas recíprocas se nutre de los sentimientos de atracción y orgullo, de dependencia y de deleite, de afecto y de fusión, de romance y del sentido de estar destinado para eso.

En el primer matrimonio dentro del matrimonio el sueño del romance domina al amor que se da y se recibe, pero ya hacia la mitad del mismo comienza a debilitarse. Si permanece es al servicio de un amor más aguerrido y resistente y no como un tirano desilusionante. Lo más frecuente es que a medida que se quiebre el sueño, ambos se sientan atemorizados de que muera la relación. En lugar de eso es posible que el matrimonio pueda volver a nacer en el pasaje de la primera etapa a la segunda.

Desilusión

No tengo idea de por qué Julia se siente infeliz con nuestro matrimonio. Siento como si se hubiera separado

---

[7] Adaptado de Sara Cirese, *Quest, a Search for Self* [La búsqueda de uno mismo], Holt, Rinehart and Winston, Inc., New York, 1977, p. 175.

de mi mundo. He trabajado tanto para que se pudiera realizar nuestro sueño y ahora se ha enredado con otro hombre. No quise que se perdiera nuestro matrimonio pero veo que me tocó a mí.

El sueño toca a su fin. En lugar de él surge la desilusión. Ha terminado el primer matrimonio dentro del matrimonio. El segundo ha descendido sobre esta pareja en conflicto.

Desilusionada con su sueño, la pareja lucha con el desencanto de su relación y también del uno por el otro. La imagen teñida de romance que tenían, retocada por la lealtad y cuidadosamente maquillada por recuerdos amados, ahora comienza a desteñirse, distorsionarse, desaparecer. Aparece el verdadero rostro y se expresan los sentimientos reales, se ven tal como son. La amada ilusión es desnudada. Cada uno de ellos debe descubrir si hay amor verdadero por el otro cuando la vieja *persona* (máscara) se vuelva transparente.

Las parejas que dan un valor muy grande a la apariencia, a la imagen o al logro personal, posiblemente prefieran la vieja máscara a la persona que ahora emerge en medio de su matrimonio. Prefieren la imagen a la realidad. Destruir ese sueño —piensan— es perder el amor. Pero lo real es lo opuesto. Descartar la imagen y quedarse con la persona es descubrir el amor. Amar es un descubrimiento más que un logro, una acción o un sentimiento. Cuando uno descubre lo más precioso del otro, por encima de su atractiva autorepresentación o lo valioso por debajo de las apariencias, el auténtico amor surge. Pero antes de que la tercera etapa del *descubrimiento* pueda ocurrir, uno necesita llegar al fondo en una época de *desilusión*.

Desilusión y frustración

Durante el período de la desilusión uno se siente defraudado por el cónyuge, por la pareja y por uno mismo.

1. El desencanto con relación al cónyuge es un sentimiento de profunda desesperación, una impresión profunda de haberse equivocado en la elección de la pareja. «Hice la elección equivocada, elegí a la persona que no me viene bien. Tú no respondes a mis necesidades, no encajas en mis sueños ni con mi personalidad».

2. Al desilusionarnos del matrimonio se produce un enojo generalizado con la naturaleza obligatoria del pacto público que los mantiene unidos y también frente al pacto personal que los ha atado. «Tenía mayores esperanzas del matrimonio de lo que la otra parte está dispuesta a brindar. O hay algo mal con el matrimonio en general o con este que hemos creado en particular».

3. En la desilusión consigo mismo, hay ira, ya que uno no ha podido ser la clase de compañero que desarrolla una relación con éxito. «Debí haber sido tan efectivo como esposo (esposa) para que esto no pasara. Quisiera haber sido más claro, menos ambiguo con lo que esperaba. Lamento que no fui capaz de ser el compañero perfecto».

Si uno consulta a un consejero matrimonial a esta altura de las cosas, entonces recibe un cuarto desencanto: no hay consejero capaz de hacer el milagro en un momento como este. La desilusión debe ser enfrentada, asumida, aceptada e integrada. Es un signo de crecimiento, no de desintegración, una evidencia de que se está madurando más allá del sueño. La desilusión no sólo es inevitable sino necesaria, si es que los dos van a avanzar más allá de sus fantasías entretejidas de romance, hasta abrazar la realidad de ser una verdadera pareja.

La desilusión como fracaso del sueño

Cuando uno ha crecido adorando un sueño ya sea el matrimonial, el vocacional o el económico, su desaparición provoca una etapa de intenso sufrimiento, un confuso duelo y búsqueda de su recuperación. Esta etapa señala que algo o alguien ha fracasado.

Es posible que el sueño fracase o que nosotros lo hagamos fracasar de varias maneras.

Primero es posible sofocar el sueño. Es decir, que no llegue a nacer. Si a un niño se le prohíbe soñar todas sus esperanzas se mueren por falta de estímulo así como por la ausencia de apoyo y de confianza. Si se les enseña a no pensar gran cosa acerca de sí mismos, entonces o bien pasarán la vida sin alentar ningún sueño o no ofrecerán resistencia para sumarse a los de otros: sus padres, esposos, patrones, guías espirituales. Pero en esa etapa de desilusión uno puede descubrir que es necesario dejar ir los sueños para redefinirlos y transformarlos en metas realizables.

Segundo, es posible abortar un sueño que está por nacer porque nos confunde, nos atemoriza o porque se ha exagerado el precio que hay que pagar, debido a las demandas de los padres o de la familia. De modo que se le abandona prematuramente y la persona se resigna a lo que suceda. Pero la desilusión ante esta pérdida tal vez podría estimularlo a reconsiderar nuevamente el sueño y llevarlo a su realización por medio de un compromiso responsable.

Tercero, es posible que nosotros le fallemos al sueño. Rehusamos invertir todo el esfuerzo que requiere su realización y lo dejamos morir; y al no dejar que se mida frente a otros lo seguimos llevando adentro, pero nunca nos animamos a realizarlo. La ilusión que tenemos puede estar muy lejos de la realidad. Uno puede tener el deseo de llegar a ser músico, pero no dedica tiempo ni a estudiar, ni a practicar. La desilusión puede, sin embargo, obligarnos a dejar ir el sueño y abrazar lo que es posible o comprometernos a perseguir lo que es más conveniente.

Cuarto, es posible hacer del sueño un ídolo. Cualquier compromiso desmedido con una meta le permite a esta convertirse en un tirano y gobernar nuestras vidas. Como el sueño es una expresión que sólo abarca una parte de mí mismo, entonces el triunfo de una parte sobre las otras podría llevar a descuidar cosas más importantes o a la pérdida de los valores básicos de nuestra vida. La carrera o profesión puede desplazar nuestra integridad. La vocación puede destruir el matrimonio. El éxito puede arrastrar la familia al sacrificio o producir la alienación de los hijos.[8]

Con mucha frecuencia la desilusión nos obliga a analizar si hemos sacrificado lo más importante por lo de menos valor y a reestructurar nuestra vida haciendo una nueva escala de prioridades. Es fácil sacrificar lo que requiere más largo plazo a favor de lo de corto plazo; sacrificar la intimidad matrimonial o familiar con el objetivo de ganar seguridad económica; fracasar en lo que es esencial a la vida para triunfar en lo que es sólo secundario.

«Siempre me será posible encontrar otra esposa, pero ¿cuándo voy a conseguir otro empleo como este?», me dijo un paciente en

---

8 Evelyn Whitehead y James Whitehead, *Marrying Well* [Casándose bien], Doubleday Publishing Co., New York, 1981, p. 204.

cierta oportunidad. Su sueño profesional estaba sacrificando el matrimonial, la luna eclipsaba al sol, lo de menor importancia oscurecía a lo que era crucial y esencial en la vida.

La desilusión motiva a revisar las cosas, reflexionar, revaluar nuestros compromisos y nuestros sueños, es una etapa para saber abandonar lo que nos atraía pero que no era esencial. A medida que uno se acerca a la mitad de la vida, el aceptar fronteras, el poner límites a las metas, el saber enfocar los valores de la vida, resulta cada vez más importante. Uno debe dejar ir aun lo importante, debe dejar atrás lo necesario y descubrir lo que es absolutamente esencial. Sin eso no podemos vivir plenamente. La desilusión de nuestros valores pasados y el descubrimiento de lo que es primordial para el matrimonio y la vida, son dos pasos indispensables hacia la madurez. De esta lucha surge la comprensión, de la frustración nacen las motivaciones y del dolor surge el crecimiento.

El tercer matrimonio dentro del matrimonio nace a medida que la pareja avanza de la desilusión de las metas frustradas al descubrimiento de lo que realmente cuenta.

Descubrimiento

> Nada ha cambiado entre nosotros, todavía tenemos problemas, pero uno siente las cosas de otra manera. Es como si se hubiera esfumado el sueño y eso no nos importara. Es más, las cosas que de verdad queremos —dejando los sueños a un lado— todavía las tenemos.

El sueño (tú puedes ser todo lo que yo necesito/yo debo ser todo lo que tú admiras) al fin es atrapado por la desilusión. Después de eso puede llegar la desesperación, el distanciamiento y/o el divorcio. También podemos atravesar la desilusión y llegar al descubrimiento.

El sueño falla pero descubrimos lo que realmente perdura. La otra persona puede no llenar el ideal que se ha llevado muy adentro sin embargo, la realidad puede resultar un desafío más grande, un complemento más pleno, una invitación más apropiada para el crecimiento. Descartar la imagen y abrazar a la persona es, como descartar el menú y dedicarse a la comida. Descubrir la realidad del otro es una aventura de muchas dimensiones. A medida que uno conoce al verdadero cónyuge, también se encuentra nuevas realidades acerca de uno mismo y del matrimonio. Cuando descubrimos al cónyuge como la persona que realmente es, ese encuentro de los dos en su verdadera realidad es una invitación a crecer. La intimidad auténtica no se produce con el encuentro de los sueños, sino en el contacto con seres reales. No surge de compartir máscaras, sino cuando un rostro toca a otro.

El sueño falla, y descubrimos que lo contrario es lo que siempre habíamos necesitado. Él quería que ella fuera su madre pero se resistía a su protección materna y a su parecido con ella. A medida que muere el sueño se descubre que en realidad queríamos libertad para ser niños juntos.

La necesidad de ella de estar protegida y segura, se entrelaza con el sueño de él de ser aceptado y protegido. Sólo cuando ella deja de intentar controlarlo y ser controlada, y se arriesga a su rechazo, recién pueden los dos empezar a conocer la verdadera intimidad. Cuando el sueño se revierte se descubren el uno al otro.

Él sueña tener éxito a cualquier precio, pero necesita renunciar a su carrera y dedicarse a su esposa y sus hijos. Ella sueña con hallar su identidad en el éxito de su esposo, pero necesita vivir la vida por sí misma y encontrar su propio yo. Al fallar el sueño y enfrentarse a la desilusión que sigue, irrumpe el descubrimiento.

El tercer matrimonio suele ser más breve. Cuando aparece la desilusión le sigue el descubrimiento de lo que une, atrae y llena, la pareja se ve empujada hacia la profundidad del cuarto matrimonio. Pero, sin embargo, para muchas parejas el tercer matrimonio puede durar casi una década.

A los cuarenta años suelen darse períodos de descubrimiento que despiertan las esperanzas, seguidos de un retroceso que cae nuevamente en la desilusión y el desaliento. Luego aparece otro hilo de exploración hasta que hebra tras hebra, se teje y redescubre la nueva relación. Ir y venir de un matrimonio al otro durante este tiempo no sólo es inevitable, sino necesario, para poder completar la agenda que se ha acumulado durante el período de desilusión. Ninguna persona o pareja tiene la energía para tratar más de algunas pocas cosas a la vez, pero con el tiempo se descubre otra vez el matrimonio y se reexperimenta en profundidad.

Profundidad

> Estamos mucho más cerca el uno del otro ahora,
> después de veinticinco años, que lo que estuvimos las
> primeras dos semanas de casados. Es verdad, tenemos
> una proximidad distinta. El fuego de la pasión se ha
> transformado en un cariño permanente que abarca
> toda nuestra vida en común.

El cuarto matrimonio dentro del matrimonio se caracteriza por la profundidad. Confiados en su relación, los cónyuges se sienten en libertad de revelar sus sentimientos más profundos, sus valores reales y su comprensión de sí mismos. Seguros de su aceptación mutua, se atreven a expresar los temores que habían quedado enterrados, la soledad que se había escondido y los deseos que previamente se disimularon.

La intimidad se profundiza mientras que se garantiza la proximidad y la distancia. La unión se enriquece mientras que la separación se asegura. La individualidad no se pierde en la unión. Dicha seguridad emerge sólo cuando la relación ha sido probada, forzándola a los límites del vínculo a través de la desilusión, revitalizada en el descubrimiento y liberada para profundizar a su propio ritmo.

La profundidad de estas características se describe plenamente en el lenguaje que Abraham Maslow y Carl Rogers han usado para definir el punto más alto de la madurez. Estas personas experimentan seis signos de profundidad tanto en su vida como en su relación.

Primero, experimentan la vida intensamente «con total concentración, y completa absorción».

La etapa de la profundidad invita a las personas a vivir el aquí y el ahora. Disfrutan plenamente los momentos presentes de la vida no como medios para una meta futura, sino como una meta en sí misma. Sus vidas no son una preparación permanente para el futuro, celebran el ahora. No esperan lo que sucederá, sino que aceptan lo que es.

Segundo, cada uno de ellos esta plenamente consciente de su interioridad. La transparencia de lo que llevan adentro ha aumentado debido al dolor de la segunda etapa del matrimonio —la desilusión— y el haber llegado al tercero —el descubrimiento—. Ahora les resultan valiosos sus propios pensamientos, sus sentimientos y sus estados vitales. La autoimagen que tienen refleja en realidad su propio yo, de modo que el autoengaño es mínimo y la autodefensa es raras veces necesaria. Apelan a pocos mitos acerca de sí mismos y acerca de su vida individual o en pareja. Al haber identificado cuáles eran sus defensas, las abandonaron casi en su totalidad.

Tercero, cada uno de ellos asume plena responsabilidad por sí mismo y sus decisiones. La necesidad de encontrarse, ya sea de conformidad con las expectativas sociales o revelándose en contra de ellas, ha pasado. Pueden elegir adecuarse o rebelarse dependiendo en cada situación de sus valores y de sus preferencias comunes. Ceder ante las normas sociales o resistirlas, ya no es importante. Lo que importa es responder a sus valores éticos y estéticos. Estos crecen lentamente dentro de cada uno y en conjunto.

Cuarto, tienen una actitud positiva, constructiva, hacia la gente que está más allá de su círculo matrimonial. Al haber arribado a la armonía con sus familiares mutuos y asumido su plena madurez en relación a los padres y hermanos, están más cómodos en su amplia red de relaciones. Sienten comprensión por ellos y esta actitud expresa tanto su compromiso ético como su vocación de ser útiles a otros.

Quinto, se arriesgan al cambio, a la elección, al crecimiento. El miedo a lo desconocido es más un acicate que una barrera. El crecimiento está más allá de nuestros temores y ansiedades, y nos desplazamos a nuevas formas de actualizar nuestro ser o el del otro, superando el temor en lugar de huir de él. Les resulta cada vez más cómoda la ambigüedad, el desorden, la indefinición, la duda y la incertidumbre. No necesitan un equilibrio garantizado. Aceptan que hay preguntas sin respuestas. Los contenidos de la vida no necesitan organizarse y clasificarse para que cada cosa tenga su lugar. Aun la confusión puede tomarse por lo que es: la condición emocional normal de las transformaciones personales y los cambios creativos.

Sexto, ambos se han vuelto originales y creativos en su forma de vivir. La creatividad no incluye necesariamente los papeles o el trabajo que ahora eligen hacer (como sería abandonar la rutina diaria y decidir ser artista o dedicarse a escribir), sino que son creativos en la forma de innovar todo lo que hacen. Su propio sentido del estilo personal crece y reparte frescura a lo largo de la vida en común y penetra sus tareas individuales. Lo que han elegido hacer en la vida lo ejecutan bien porque saben que ahora lo realizan con alegría. Se aventuran, se arriesgan, experimentan las formas de aumentar su plenitud y mezclar el trabajo con el juego.

A medida que cada uno desarrolla un núcleo íntimo en sí mismo, ambos pueden experimentar una mayor profundidad de su cercanía. El sueño se ha transformado en profundidad.

EJERCICIO 3: IDENTIFICAR LAS METAS_____

Instrucciones. Para estudiar lo que puede ser el matrimonio cuando llega a su madurez, separen una hora para explorar las metas básicas de una relación profunda.

El siguiente ejercicio enumera las «características de la profundidad» en la columna de la izquierda y en la de la derecha las preguntas que ayudan a explorarlas.

Siéntense cómodamente si es posible de modo que se toquen las rodillas y luego elaboren ambos las preguntas tomándose el mismo tiempo para responder. No responda de forma simple, use esta oportunidad para explorar los aspectos de su relación que pueden ser profundizados a partir de ahora.

Las metas —el estar plenamente vivo, consciente, responsable de sí mismo, equilibrado y dispuesto al cambio toman muchas formas diferentes de persona a persona dentro del matrimonio y también entre pareja y pareja. No hay respuestas «correctas» en este ejercicio pero usted puede responderle bien a su cónyuge si se convierte en un estímulo al crecimiento y a la plenitud buscada por él.

Características de la profundidad

La vida es intensa, vigorosa, significativa. Cada momento tiene su fin en sí mismo y no es un medio para otra cosa.

La autocomprensión se profundiza. La autoimagen refleja al verdadero yo.

Ser responsable de sí mismos y de sus decisiones libera de tener que complacer o resistir las expectativas de otros.

Se tienen actitudes constructivas hacia otras personas más allá del matrimonio, los padres, la familia y el trabajo.

Ven con agrado los cambios, se estimula a crecer, el temor es un desafío a descubrir y la ambigüedad es aceptada como parte integral de toda relación.

La creatividad, la innovación y el juego contribuyen a enriquecer sus vidas, su amor y su trabajo.

Preguntas para la discusión

¿Pasamos más tiempo reviviendo el pasado o preocupándonos por el futuro que celebrando el presente?

¿Es mi autoimagen reflejo de mi verdadero yo? ¿Es la imagen de nuestra relación acertada como el reflejo de lo que somos el uno para el otro?

¿Somos libres para elegir lo que queremos sin sentir temor al rechazo? ¿Tenemos libertad para rechazar lo que no queremos sin por eso sentirnos culpables?

¿Nos relacionamos positivamente con nuestros padres, hermanos, amigos y vecinos? ¿Nos hemos reconciliado con aquellos con quienes teníamos diferencias?

¿Nos mostramos abiertos al cambio en lugar de estar a la defensiva? ¿Aceptamos cada uno el crecimiento del otro sin sentirnos amenazados ni ofrecer resistencia?

¿Podemos divertirnos juntos libremente? ¿Somos creativos en el trabajo, en nuestro tiempo libre, en nuestro servicio a los demás?

4

COMUNICACIÓN

LA COMUNICACIÓN:

EXPECTATIVAS
Nos comunicamos partiendo de las expectativas en cuanto a lo que el cónyuge quiere decir, necesita, desea o le debemos decir para obtener lo que necesitamos.

MANIPULACIÓN
Manipulamos basados en nuestra frustración y lo hacemos persuadiendo, seduciendo, coaccionando, evadiendo, evitando, para obtener lo que queremos.

INVITACIÓN
Descubrimos que la verdadera comunicación es una invitación. Dejamos de manipular para escuchar, invitar y alentar al otro a expresarse.

DIÁLOGO
Dialogamos en una doble vía, como iguales, de forma recíproca, en un intercambio conversacional.

SENTIMIENTOS DE EXCUSA
Tenemos miedo de, estamos confundidos por, nos abochornamos de, somos cautelosos con, nuestros sentimientos.

SENTIMIENTOS EXPLOSIVOS
Nos arriesgamos a compartir, pero descubrimos que nuestros sentimientos son incontrolables, no dan en la meta, son confusos, explosivos.

SENTIMIENTOS EXPRESADOS
Asumimos, expresamos, apreciamos y exploramos mutuamente lo que cada uno siente.

SENTIMIENTOS EXPERIMENTADOS
Nos sentimos libres de seguir tanto nuestros sentimientos como nuestros pensamientos.

Elisa _____

«No aguanto más. Su indiferencia me mata. Me gustaría conversar sobre esto, pero no me escucha cuando hablo y no habla cuando hay un problema que necesita discusión. Peleamos por cualquier cosa casi todas las noches. Él simplemente me dice que deje de reprocharle por todo.

»Anoche le contaba acerca de los planes para el cumpleaños de nuestro hijo el próximo viernes. La semana pasada estuvo de acuerdo pero ahora me dice que quiere irse a pescar al lago el fin de semana. Yo ya había mandado todas las invitaciones y ahora no puedo hacerme cargo sola. Terminé gritándole mientras él simplemente miraba su vaso sin beberlo.

»¡Es todo tan diferente a como fueron los primeros trece años de nuestro matrimonio! Mis quejas me las guardaba para mí, pero ahora me duele el estómago si me callo y no puedo dormir si me guardo las cosas. Tengo que hablarle ¿pero de qué sirve, si no me escucha, ni me responde?»

Lorenzo _____

«No veo por qué tenemos que pelear todo el tiempo. Me canso de que Elisa me persiga por todo. Es como estar en el ejército o peor aún, como vivir en casa con mi madre. Ella hace planes para todo y luego manipula las cosas para incluirme en ellos.

»Como por ejemplo el cumpleaños de Jaime. Dice que lo consultó conmigo. Yo no recuerdo que lo haya mencionado. Además, su cumpleaños es el domingo. Pudiéramos haberlo celebrado el domingo por la noche después de que volviera de pescar. Podría traer pizzas para los chicos el domingo por la tarde y evitarle todo el trabajo que le llevaría hacer todo eso sola.

»Nos llevábamos realmente bien hasta hace dos años. Todo este asunto de compartir los sentimientos me deja frío. Por supuesto que yo también los tengo pero no veo qué tiene que ver eso con hablar todo el tiempo acerca de ellos. Bueno me parece que he dicho bastante. Quizás demasiado».

«Ya no nos comunicamos» es la queja común de una pareja después de su tercer año de problemas matrimoniales.

Ningún matrimonio comienza con una comunicación perfecta y lo de ellos no fue una excepción. Esa fusión de dos personalidades que tiene lugar en las primeras etapas de los que se aman les dio la ilusión de gozar de total compenetración, o al menos de creer que cada uno comprendía al otro. Ahora no se entienden.

«Pensé que le importaban mis necesidades y mis sentimientos. Ahora no estoy segura de que sea así».

El amor se comunica sin ambigüedad en la mirada. Al prestar atención damos afecto. En los comienzos del matrimonio la atención estaba motivada en gran medida por la atracción y por la pasión. A medida que la pareja madura, aflora la atención afectuosa. Esta debe surgir para que la relación pueda prosperar.

«Pensé que comprendía cómo me siento. Antes solía escucharme. Ahora sólo se queja».

El amor se expresa indudablemente si sabemos escuchar. Al prestar atención a las intenciones reales expresadas por el otro damos afecto. Al respetar esas intenciones como aquello que en realidad motiva a la otra persona, a pesar de sus sentimientos desconcertantes o un tanto confusos y a pesar de su conducta, le damos amor.

«Pensé que él estaría a mi lado cada vez que lo necesitara, pero ahora cuando está en casa es como si no estuviera presente».

El amor se expresa innegablemente en el tiempo destinado al otro y la disponibilidad ofrecida. La seguridad de que cada uno estará allí cuando el otro lo necesite, cuando se le espera, cuando se le desea, da la confianza de saberse amado.

Una relación será tan buena como clara sea su comunicación.

Un matrimonio será tan fuerte como sincera sea su comunicación.

Una familia es sana sólo si hay comunicación abierta entre sus miembros.

Los patrones de comunicación evolucionan de manera dramática a lo largo de las etapas del matrimonio. Traemos una rica carga de esperanzas a los primeros años de vida en pareja. Ellas determinan virtualmente toda la comprensión que tiene lugar en esa etapa. Cuando comienza el segundo matrimonio ambos descubren que manipulan al otro. Al agotarse este período la comunicación puede evolucionar y convertirse en invitación y tal vez en auténtico diálogo.

La comunicación es el sistema nervioso del matrimonio. Sus vías son portadoras de mensajes de vida, de amor, de vitalidad, por parte de uno al otro y de ese tercer cuerpo: la relación matrimonial como una carne. Una comunicación clara, abierta y sincera, crea una relación cálida y vital, porque transmite energía, integridad e intimidad de una persona hacia la otra.

El estilo de la comunicación, su nivel de honestidad, sinceridad y franqueza están entre los signos más reveladores de la salud de un matrimonio. El mismo no será mejor que su nivel de comunicación. Para comprender lo que ocurre entre dos personas lo primero que miramos es su forma de comunicarse. Para diagnosticar la salud o el malestar de una pareja, examinamos cómo se expresan sus pensamientos y sus sentimientos, sus deseos y sus necesidades.

Cuando los casados hablan de falta de comunicación es posible que ocurra porque hablan de cosas sin importancia. Hablan pero no acerca de lo que tiene significado. Ambos pueden estar tan metidos en sus propios asuntos que ninguno escucha lo que el otro le dice. Algunas veces se recibe el silencio por respuesta; otras, las palabras vacías. Quizás el problema pudiera estar en su falta de habilidad para captar la atención del cónyuge. Es como si el cónyuge cambiara de dial o «apagara» la comunicación. La mayoría de las veces la inhabilidad para comunicarse se mide por la dificultad de obtener lo que se desea del otro o de escuchar lo que uno quisiera que dijera el otro.

La comunicación es un encuentro de significados. Esto ocurre cuando el sentido de lo que digo cruza el puente de las palabras y se encuentra con el sentido del que escucha. Cuando la intención del emisor y el impacto sobre el receptor coinciden, entonces ha tenido lugar la comunicación.

En el matrimonio, el sentido de cada integrante corre a un nivel muy profundo, a dos o tres generaciones de profundidad. Los significados están matizados por las esperanzas del pasado, del presente y del futuro.

FALTA DE COMUNICACIÓN

Si usted espera recibir una comunicación abierta explore lo que les falta y analice cada punto, y comparen juntos la puntuación de cada uno.

1= Estamos totalmente de acuerdo, 2= a veces estamos de acuerdo,
3= neutro, 4= a veces no estamos de acuerdo,
5= siempre estamos en desacuerdo.

Él   **Ella**

1

1 2 3 4 5   Nuestra falta de comunicación radica en   1 2 3 4 5
que simplemente no hablamos acerca de
nuestros sentimientos y otros problemas.

2

1 2 3 4 5   Nuestra falta de comunicación radica en   1 2 3 4 5
que no entiendo lo que me quiere decir.

3

1 2 3 4 5   Nuestra falta de comunicación radica en   1 2 3 4 5
que uno de nosotros habla y el otro se niega
a contestar: se queda callado.

4

1 2 3 4 5   Nuestra falta de comunicación radica en   1 2 3 4 5
que yo no escucho lo que quisiera escuchar
de mi cónyuge.

5

1 2 3 4 5   Nuestra falta de comunicación radica en   1 2 3 4 5
que mi cónyuge me «desconecta». O al
menos yo siento que no me oye.

Cuadro 1

Comunicarse es tener expectativas

«¿Por qué necesito decírselo? Si me amara, sabría lo que necesito y cómo me siento».

Las esperanzas, esas sutiles exigencias que inciden en lo que vemos, oímos y decimos surgen ágilmente de generación en generación. Lo que no heredamos lo creamos a partir de nuestro proceso de desarrollo desde la niñez, hasta la edad madura. Para agregar una tercera capa construimos esperanzas entrelazadas a partir de nuestra propia unión y nuestra relación amorosa inicial. Esta cubierta de tres capas puede servir para determinar virtualmente todo lo que se comunica en las primeras etapas del matrimonio.

Las esperanzas del pasado familiar

Dos familias se funden en cada matrimonio y no sólo dos personas. Aunque el individualismo moderno pretende lo contrario los padres, los abuelos y a veces los bisabuelos posiblemente estén presentes en la comunicación de una pareja. Un conflicto matrimonial puede no ser entre los dos contrincantes en absoluto. Es posible que hablen los padres a través de ellos, con su antiguo enojo todavía reaccionando ante la furia de los abuelos.

En cierto sentido las expectativas, como muchas otras cosas de la vida, nunca comienzan, pues continúan de generación en generación, de seres humanos que portan su cultura y la llevan obedientemente hacia adelante. Las instrucciones del pasado como las consignas del hipnotizador son obedecidas fielmente.

«En la situación familiar», dice el siquiatra británico R. D. Laing, «los hipnotizadores (los padres) ya han sido hipnotizados (por sus padres) y llevan a cabo sus indicaciones al criar a sus hijos para que a su vez hagan lo mismo con los suyos, de tal modo que sin percatarse que ejecutan sus consejos, uno de los cuales es no pensar que es dirigido de esa forma».[1]

Este proceso de «trasladar el pasado al futuro», como describe Laing las esperanzas, se mantiene tan oculto que inmediatamente

---

[1] R.D. Laig *The Politics of the Family* [Las políticas de la familia], Random House, Inc., New York, 1972, p. 79.

se le niega, si llega a salir a luz. Si algún miembro cualquiera de la familia comienza a reconocer que los padres son títeres controlados por los hilos de los planes y esperanzas de sus abuelos, y que él o ella es a su vez la sombra de un títere, ¿con quién lo va a comentar? ¿Quién lo va a entender? Por cierto que no con nadie del círculo familiar ya que parte de las instrucciones suele ser «no notarás que las ejecutas». Las cosas son así, son como deben ser y como es necesario que sean. Pero cuando las instrucciones de uno de los miembros de la pareja entran en contradicción con las esperanzas del otro —como inevitablemente sucede— entonces se produce un enredo en la trama.

«La mayoría de los adultos (incluyéndome a mí) son o han sido, en mayor o menor medida, inducidos en la temprana infancia como en un trance poshipnótico. Permanecen en este estado hasta que al despertar completamente descubren que nunca han vivido».[2] Mi bisabuelo era un obispo menonita que organizó su vida de acuerdo con las expectativas de las iglesias a las que sirvió. Vivió para responder a las demandas de su gente y ellas a las de él. Mi abuelo, uno de los pastores al servicio de su padre, jamás le dijo que no al patriarca. Mi madre que cuidaba emocional, física y espiritualmente de ambos trasmitió sus esperanzas a la siguiente generación.

Yo, al igual que mis tres hermanos, ingresé al ministerio con el compromiso profundo de estar siempre disponible para otros, en una intensa lealtad hacia la iglesia. Las esperanzas persistentes de las generaciones pasadas pueden repetirse como una fuerza positiva y también como ataduras negativas. A menudo se dan las dos cosas. Algunos patrones se repiten virtualmente sin retoques, otros se revierten y reflejan imágenes reactivas. ¿Por qué sorprenderse entonces que uno de los mayores conflictos en mi vida haya sido el saber si llenar las esperanzas de la iglesia o negarme y reclamar libertad para servir por amor más bien que por deber?

Cada individuo es una comunidad de personas que vive dentro de nosotros. Familiares, vecinos, amigos, guías, héroes, villanos. Sus modelos, sus valores, sus temores, sus esperanzas, sus instrucciones, sus esperanzas, están presentes en nosotros. Cuando hablamos el uno con el otro las múltiples voces hablan desde lo profundo de nosotros.

---

2 Ibid., p. 82.

Cada matrimonio es la unión de dos familias, dos comunidades de experiencias que chocan desde el comienzo y compiten durante un largo período de tiempo. Esto jamás deja de ocurrir en los matrimonios, sólo varía el grado de esa unión. En las relaciones altamente fusionadas, cada cónyuge está más controlado por las esperanzas familiares pasadas que por los acuerdos matrimoniales presentes. Cuanto más libres son las personas tanto más se enriquecen por su pasado, sin dejarse encadenar por él.

Yo no soy mi pasado soy heredero de él y de su mezcla de valores y obligaciones. Estoy abierto al pasado, pero no dominado por él; soy instruido por mi herencia familiar, pero no controlado por ella. Estas son afirmaciones correctas porque estoy consciente de ello, pero hay otras esperanzas que quedan por debajo del nivel consciente. Los patrones familiares son poderosos y funcionan dentro de mi mundo interior de sentimientos y de ideas.

Me comunico a partir de esperanzas pasadas y me relaciono con las presentes.

Expectativas de mi pasado personal

«Me inicié en la vida de niño», observaba Bill Cosby. Así es con todos nosotros.

La historia de ese desarrollo es la misma de las esperanzas entrelazadas que se hilvanan. Estas esperanzas lógicas, contradictorias, factibles o esclavizantes fueron asimiladas, desde los primeros juegos infantiles como:

«¿Dónde estoy?» (*juego en el que papá se esconde y aparece, y uno espera que aparezca para poner fin a la ansiedad*), por la vergüenza o la culpa del aprendizaje:

«Las consecuencias» (*Si desobedezco, me castigarán y me harán sentir vergüenza*), o por las esperanzas interiorizadas durante la etapa escolar

«Rendimiento escolar» (*Debo tener buenas notas en la escuela porque si no me rechazarán*), y también en la juventud

«Aceptación» (*Seré aceptado sólo si me someto o si actúo de cierta forma o si soy suficientemente atractivo*)

Resulta una afirmación obvia que nuestra colección de esperanzas es única, casi redundante y, sin embargo, se hace necesario enfatizar que en este aspecto, no hay dos niños que tengan los mismos padres, vayan a la misma escuela y pertenezcan al mismo grupo. Cada uno de nosotros filtra, organiza y recuerda las experiencias de la vida, para protegerse de repetir lo que le resultó doloroso o le permita obtener otra vez lo que fue gratificante.

Cada individuo desarrolla capa sobre capa de esperanzas a lo largo de las etapas de desarrollo de la vida. Las esperanzas originales de confianza y desconfianza se expanden para forjar las emociones básicas de enojo, vergüenza, temor, culpa, tristeza, gozo orgullo, autoconfianza y tozudez, durante el segundo y tercer año de vida. Las esperanzas comienzan a tomar forma y fuerza a medida que son impulsadas por las emociones, esas son las energías con las que experimentamos nuestras percepciones.

La estructura de la conciencia y la formación del ego ideal señalan la interiorización de las esperanzas morales, seguidas de la imposición de las educacionales por parte de maestros y compañeros. Llega la adolescencia y siguen las etapas de esperanzas, sexuales, ideológicas, de relaciones, vocacionales, que deberán ser unidas en un centro coherente de identidad y personalidad. Todas estas se combinan para formar el sentido de ese «sí mismo» que uno lleva al matrimonio, a la carrera profesional, a la parternidad, a la vida comunitaria de fe, como a otras comunidades a las que uno se une.

En cada una de estas etapas, como lo muestra el Cuadro 2, hay cuatro peligros básicos. Es posible tener esperanzas sobredimensionadas (superesperanzas) o ausencia de las positivas (infraesperanzas), o elegir las falsas (esperanzas mal dirigidas) o frustrar las esperanzas básicas para la vida (esperanzas fallidas).

Respetar las esperanzas que guían mi identidad y reevaluar las poco realistas, son dos tareas que duran toda la vida. Constituyen la agenda básica del matrimonio que comienza, y no superamos jamás la necesidad de reconsiderar y reorientar las esperanzas que traemos a la más desafiante de las relaciones.

Esperanzas a partir del matrimonio actual

Mis esperanzas pueden estar enraizadas en el pasado, pero son plasmadas y reformuladas ahora, a partir de los libretos e intrigas de nuestro drama matrimonial. No sólo proyecto el pasado sobre el futuro, sino que hago planes con mis esperanzas.

Niveles de esperanzas

5. ESPERANZAS DE LA PERSONA
Esperanzas interpersonales por parte de los compañeros, familiares o de la comunidad:
«Puedo elegir quién voy a ser»
«Puedo arriesgarme a ser franco con otros»
«Puedo confiar en el modelo de mis guías»
«Puedo reclamar mis propios valores».

4. ESPERANZAS EDUCACIONALES
Esperanzas sobre cómo actuar ante otros:
«Debo producir para que se me conceda valor»
«Soy capaz, eficiente»
«Soy incompetente, pero a nadie le importa»
«Soy lo que puedo hacer».

6. ESPERANZAS COMUNITARIAS
Esperanzas en cuanto a amigos.
Esperanzas matrimoniales.
Esperanzas sobre la paternidad.
Esperanzas profesionales.
Esperanzas sociales.

3. ESPERANZAS FAMILIARES (5-6)
Esperanzas morales por parte de padres y hermanos:
«Debo portarme bien porque si no...»
«Puedo portarme mal y no pasa nada»
«Siempre me juzgan»
«Puedo usurpar el papel de mi padre o madre».

7. ESPERANZAS VOCACIONALES
Esperanzas creativas y reestructuradoras de mi vocación en la vida. Recrear el matrimonio.
Reelaborar la carrera.
Reajustar la paternidad.
Redescubrir metas.

2. ESPERANZAS INFANTILES (3-4)
Esperanzas emocionales a partir de la confianza o desconfianza en uno mismo o en los padres.
«Seré bueno para ganarme el amor»
«Me portaré mal para que me presten atención»
«No voy a arriesgarme a que me note»
«No voy a ejercer mis derechos»
«Siempre sentiré vergüenza».

1. ESPERANZAS BÁSICAS (1-2)
Esperanzas intuitivas a partir de la confianza surgida de la relación materna.
«Nunca volveré a confiar así»
«Siempre estaré en guardia»
«Confiaré en los que me aman»
«Siempre me sentiré incapaz/sin esperanzas».

8. ESPERANZAS DE INTEGRIDAD
Esperanzas integradoras de la revisión y celebración de la vida:
Se independizan del trabajo.
Descubren la sabiduría.
Se adaptan al cambio.
Se reconcilian con la muerte.

Tengo algunas corazonadas acerca de lo que mi cónyuge piensa y siente. Estas pueden ayudarme a entrever lo que le está pasando. Pero si confío más en mi intuición que en las palabras del otro, sólo oigo y veo mi propia imaginación. Estas corazonadas expresan las imágenes que desencadenarán mis pensamientos y sentimientos, imágenes con las que se forma un cuadro complejo.

Tengo un panorama en la mente de lo que es mi cónyuge. Este combina las escenas pasadas con las presentes de nuestro estilo de vida en común. Siempre necesitamos figuras o imágenes en las que se nos representen los demás, para poder forjar un significado de nuestra comunicación. Un cuadro es una representación temporal que sirve para darle sentido a los fragmentos de información recibidos en el intercambio de una conversación. Cada uno de nosotros cubre una porción bastante grande del cuadro durante ese intercambio. Llenamos las lagunas con esperanzas basadas en parte en experiencias pasadas, y en una mayor proporción en los temores y esperanzas que tenemos el uno respecto del otro.

Los cuadros nos sirven en el momento en que los usamos para hacer bosquejos significativos de las palabras, pero luego son redibujados frente a cada respuesta. Los más útiles son los hechos a lápiz que se borran con facilidad, que se corrigen con rapidez y que se adaptan a los nuevos datos de cada conversación. Los cónyuges que dibujan cuadros indelebles el uno del otro se amarran a esperanzas inmodificables. Prefieren el cuadro a la realidad como pasó con la madre que —al ser felicitada por su hermoso bebé— respondió: «Bueno, esto no es nada... ¡Si vieran la fotografía!»

Cuanto más consciente sea de mis cuadros —de cómo te veo— tanto más voluntariamente podré actuar para modificar mis conceptos equivocados, destruir las imágenes envejecidas por el tiempo y elegir verte en lugar de quedarme con ellas.

De esta materia prima de corazonadas, imágenes y cuadros mentales, hacemos los planes —patrones de esperanzas— del escenario emocional de nuestro cónyuge. Estos proyectos matrimoniales se suman a los de mis padres y hermanos. Así como también a aquellos héroes que admirábamos y a los villanos que odiábamos desde la infancia y a lo largo de nuestra juventud. Nadie tiene un archivo emocional perfecto por lo que en tiempos de frustración echamos mano a esos planes equivocados, tomamos algunos parecidos parciales como si fueran lo típico de la totalidad o reaccionamos ante un proyecto pensando que es otro. No es de extrañarse que nos sintamos confundidos cuando negociamos nuestras diferencias, pues en momentos de estrés todos los seres humanos actúan regresivamente.

Cuanto más fuerte sea el estrés, tanto más creemos ver un parecido sorprendente entre la persona presente y una figura de nuestro pasado. Es «igualito» a mi madre/padre dice ella; ella «es igualita» a mi padre/madre concluye él. La pequeña parte que les hace recordar algo se toma como si representara una totalidad que es decididamente diferente.

Este intercambio de «imágenes» que los clínicos llaman una transferencia bilateral, generalmente dura entre siete y diez años. El intercambio de esperanzas mutuas puede concordar tan bien que la comunicación se mantiene fluida y con pocas distorsiones. Si se casan dos personas que fueron el hermano/a «del medio» en la familia y en particular si ambos tuvieron hermanos del sexo opuesto, la conversación entre ellos puede transcurrir con facilidad. Pero cuando un hermano mayor se casa con un hermano menor o se casan hijos únicos o uno que sólo tuvo hermanos varones con una mujer que sólo tuvo hermanas, las esperanzas pueden no ser simétricas y traer conflictos. Cuando los mapas no se corresponden en absoluto y las esperanzas no concuerdan en ningún punto, entonces las tentativas de comunicación se parecen a la ardua tarea de inventar la rueda otra vez.

Lo que hace a este período tan difícil es la incapacidad de uno o de ambos, para ver las esperanzas por lo que son: sólo esperanzas. En lugar de eso las esperanzas que cada uno tiene del otro, toman el nombre de derechos o responsabilidades o imperativos morales o evidencias de que «me quieres». A menudo se les considera la única realidad, la inevitable y no negociable de ser maduro, sensible o responsable.

No todo es relativo ni cuestión de gustos, pero gran parte de lo que hace al matrimonio sí lo es, mucho más de lo que estamos dispuestos a reconocer en la primera década de nuestra vida en común. Volvernos más flexibles en nuestras demandas, abandonar las definiciones heredadas así como propiciar la libertad del diálogo y el acuerdo son todos signos de crecimiento.

Cuando nos comunicamos a partir de las esperanzas de lo que significan las cosas o de lo que se necesita o desea, de lo que debe decir al otro, pero no nos esforzamos para llegar a hacer acuerdos con él, lo estamos pasando por alto. Los sentimientos quedan sepultados de manera que cuando afloran irrumpen de manera confusa y conflictiva. Nuestras emociones nos atemorizan porque rara vez concuerdan con nuestras esperanzas. Al brotar nos advierten de las esperanzas no llenadas por el cónyuge o de las impuestas sobre nosotros y que nos molestan. De modo que concluimos que es preferible pasar por alto los sentimientos y creemos que las emociones se deben controlar u ocultar mediante el silencio, a menos que sean respuestas totalmente aceptables.

La etapa de los veinte años está llena de esperanzas cumplidas y no cumplidas, pero si recordamos lo que es un matrimonio que comienza, se les debe tomar con una sonrisa, mantenerse a la expectativa y tratar de avanzar. Lamentablemente las esperanzas suelen llevar a la manipulación. Ellas son la otra cara de la misma moneda que controla nuestra comunicación. Si plantamos una expectativa cosecharemos una manipulación.

Comunicación como manipulación

«¿Por qué estás siempre haciendo preguntas? ¿Por qué no me dices directamente lo que quieres? ¿No sabes que odio las preguntas? ¿No te parece que ya he tenido suficiente de eso en mi casa? ¿Por qué voy a tener que aguantar otra vez esto?»

La manipulación —esa tentación siempre presente cuando falla la comunicación— caracteriza el segundo matrimonio dentro del matrimonio. A medida que se van frustrando las primeras esperanzas uno de los miembros de la pareja o ambos tienden a caer en el juego, las estrategias y las danzas que observaron en sus familias de origen. A menudo apelan a las conductas que menos les gustaban. Y como lo que odiamos en nuestro pasado se intensifica, cargamos el enojo o el disgusto hacia afuera sobre la otra persona.

«Si no actuaras así, obviamente no me pondrías de este humor. Todo lo que te pido es que te comuniques con franqueza... Pero insistes en tratar de controlarme».

La comunicación persuasiva en el matrimonio

Hay tres actitudes básicas en la comunicación persuasiva que plasma una relación.

La violación —La coerción dentro del matrimonio
La intención es lograr el acuerdo por cualquier medio que sea necesario: castigo o recompensa, intimidación o coerción, violencia o violación de la intimidad, son todas opciones posibles.
La actitud tiene una sola dirección ya que el cónyuge es visto como un objeto inferior al que se puede manipular o usar.
Las consecuencias son silenciar al cónyuge o destruirlo.

Seducción —El control del matrimonio
La intención es lograr el acuerdo por medio de la capacidad de encantar al otro o de engañarlo. Cualquier estrategia que supere al otro en ingenio, en el manejo hábil de la situación o en la rapidez de comprensión.
La actitud tiene también una sola dirección. Por serle indiferente la identidad y la integridad del otro, el seductor persuasivo no tiene respeto por la libertad del otro de poder elegir.
Las consecuencias son destructivas. La habilidad más distintivamente humana —el derecho a elegir con conocimiento de causa— está siendo limitado o negado.

El amor —La reciprocidad en el matrimonio
La intención es alcanzar el acuerdo mediante la exploración mutua de los problemas. El que ama quiere igualdad en el poder y una relación que sea mutuamente satisfactoria.
La actitud tiene una doble dirección. El que ama ve al otro como su igual en el diálogo, como una persona que se valoriza y se respeta.
Las consecuencias son la unión creativa. Se favorece la libre aceptación a todo lo que se analiza, las proposiciones son francas y se garantiza el pleno respeto por el acuerdo o el desacuerdo que manifieste el otro.[3]

Cuadro 3

---

[3] Wayne Brockreide, *Arguers as Lovers* [Discutir como amantes], *Philosophy and Rhetoric*, 1972 5.1-11.

O bien la persona se vuelve contra sí y acepta la culpa de todo lo que está pasando entre ellos. Mientras aumenta lo que se siente como intolerable, el conflicto interior se intensifica.

«¿Por qué sigo arruinando todo entre nosotros? Siempre termino por provocar lo peor en mi pareja».

Los modelos de manipulación están presentes en la mayoría de nuestras vidas y los modelos negativos —precisamente porque generan ansiedad— parecieran fijarse como huellas en los pliegos de la memoria y reaparecer en los momentos desconcertantes. En el comienzo del tránsito del primer matrimonio al segundo las esperanzas frustradas, negadas, agotadas, se vuelven coercitivas y las manipulaciones comienzan a multiplicarse. La comunicación se vuelve más compleja. Los mensajes vienen a todo nivel. Las emociones que se habían ocultado por considerarlas peligrosas y puestas a un lado por inapropiadas, ahora comienzan a explotar. Emergen en estallidos incontrolables que además no dan en el blanco.

La comunicación cuando se enfoca como una forma de persuasión toma tres estilos básicos. Se han caracterizado como violación, seducción y amor. La primera es la coacción frontal, la segunda es la manipulación y la tercera es la reciprocidad. Las tres formas (que aparecen en el cuadro 3) son estilos de comunicación básicos, pero la metáfora puede extenderse hasta incluir otros estilos tales como el enamoramiento, el romanticismo o la prostitución.

Durante el estrés matrimonial las personas que solían comunicarse con éxito como amantes se descubren siendo coercitivos o seductores. Cada vez que la meta es vista como una victoria que se gana o se pierde, es inevitable la violación de la otra persona. Por supuesto que uno puede ser un amante en la intención, y a la vez seductor o violador en el estilo. Para aquellos que creen que el fin justifica los medios la intención es invariablemente virtuosa, pero los medios podrían no serlo en la misma medida.

La coerción en el matrimonio no es una solución aceptable en ningún caso de conflicto, ni es un estilo tolerable de comunicación. Pero la frecuencia con que las parejas se comunican coercitivamente es asombrosa.

La manipulación en el matrimonio no es una conducta comunicativa o de relación apropiada, pero esta forma de comunicación es tan común a las parejas como lo son sus cepillos de dientes. Tales estrategias incluyen: usar preguntas en lugar de arriesgarse a hacer afirmaciones, pasar por alto el punto de vista del otro mientras se presiona el propio, no dar a conocer cierta información y luego sorpresivamente expresarle, no citar las fuentes de forma correcta, usar comentarios de personas que no están presentes, enfrentar a las personas, etc. Hay una lista parcial de las estrategias más frecuentes en el cuadro 4 que posiblemente no incluya las formas favoritas de manipular en su relación íntima si es que se puede decir que hay alguna que sea favorita. La mayoría nos sentimos fastidiados por estas estrategias cuando estamos en el lado del que las recibe, pero las excusamos cuando somos nosotros quienes las usamos. Aquí se aplica aquello de «más bienaventurado es dar que recibir».[4]

Cuando estamos frustrados manipulamos persuadiendo, seduciendo, coaccionando, evadiendo y evitando con el objetivo de obtener del otro aquello que queremos. Pero esas estrategias son autodestructivas. Los métodos empleados terminan destruyendo la meta propuesta.

Las reglas básicas de la conducta manipuladora, son:

Los que manipulan, terminan manipulados. Aquellos que intentan manipular a otros terminan a su vez siendo manipulados no sólo por sus propias estrategias sino por la red imbricada de relaciones que tejen con su manera de manipular. El que intenta manipular a su cónyuge resulta manipulado porque se forma el círculo completo. Lo que va, vuelve.

Los controladores terminan controlados. Aquellos que buscan controlar a otros pierden el control y son a su vez controlados, lo reconozcan o no. En el matrimonio, el cónyuge controlador puede aparecer como dueño del poder, pero el más sometido es posiblemente el que gana más por medio de la pasividad, el martirio, la culpa. Uno no puede *no* ser poderoso. Hay grados de diferencia del poder y diferentes tipos del mismo, pero no hay ninguno que sea verdaderamente impotente dentro de una relación. Hay un círculo cerrado. Y se cosecha lo que se siembra. Se obtiene lo que se da.

No es sorprendente que tantos enlaces lleguen a su fin en este paso de un matrimonio-dentro-del-matrimonio al otro o que la

---

4 David Augsburger, *When Caring is not Enough* [Cuando el cuidado no es suficiente], Regal Books, Ventura, CA, 1983.

relación se desplome: ambos terminan agotados de intentar controlar, dar forma, manipular y tratar de rehacerse el uno al otro. Cuanto más frustrados estén ante la incapacidad de reformar al otro tanto más intensos se vuelven los ciclos de presionar y persuadir.

«Sencillamente, no nos comunicamos», terminan diciendo. Pero si pueden comunicarse, es más, lo están haciendo, aunque no de manera positiva y productiva. En realidad no pueden dejar de comunicarse. Resulta imposible no hacerlo. No hay un opuesto a la palabra «comunicar» de la misma forma que no existe el antónimo de la palabra «conducta». Uno sigue comunicando, pero de forma alienada más que filial.

El amor necesita liberarse de las capas de esperanzas originales y despojarse de las muchas capas de exigencias y pretensiones ocultas. El pacto que les ofrecemos en el cuadro 5 ha proporcionado una base para que muchas parejas pongan a prueba su práctica para relacionarse con amor.

Siéntese frente a la persona que ama —o frente a una silla vacía si sólo desea probarse a sí mismo— y lea en voz alta cada párrafo. Luego repítalo en sus propias palabras, cambiando aquellas partes que no le parezcan adecuadas.

El primer párrafo afirma el valor de uno mismo y el valor igualmente precioso del otro. Cualquier individualista narcisista de la cultura occidental podrá leer la primera parte con satisfacción, pero la segunda requiere de un movimiento de entrega basado en un amor auténtico. ¿De qué manera lo cambiaría?

El segundo párrafo define el sí mismo (o yo íntimo) y acorta el espacio de la persona. De igual modo, marca el respeto por los límites y por el yo íntimo de la otra persona. Equilibra las responsabilidades mutuas a la vez que se niega a actuar «de dios» responsabilizándose del otro o bien idolatrar al otro, delegándole su responsabilidad.

El tercer párrafo reconoce el enojo, el resentimiento y la ofensa (las emociones que rodean a las demandas que hacemos), pero también toma en cuenta que nuestras demandas airadas son una expresión de nuestras esperanzas. Estas esperanzas «divinizadas» necesitan ser suprimidas antes de que el amor se vuelva incondicional. Cuando se liberan de tener que vivir bajo ciertas condiciones, pero, sin embargo, tienen otras muchas que pueden ser mutuamente

EL ARTE DE MANIPULAR

Estrategias sucias para pelear y obtener lo que deseamos

Estrategia

1. Sorprender:	Pescar al otro con la guardia baja en lugar de esperar un momento más adecuado.
2. Ubicarse:	Elegir el lugar más ventajoso y menos neutral.
3. Ansiedad:	Actuar con ansiedad en lugar de hablar en una atmósfera tranquila.
4. Neblina:	Usar medias verdades, cortinas de humo, rabietas, en lugar de hablar como iguales.
5. Mistificar:	Dar vueltas, reaccionar en cadena, confundir en lugar de ser claro y sincero.
6. Generalizar:	Generalizar las cosas además de exagerar, en lugar de simplificar y enfocar el punto a tratar.
7. Analizar:	Intelectualizar, teorizar, aconsejar, no admitir abiertamente que algo nos duele.
8. Amargarse:	Guardar rencores en vez de tratarlos en el momento.
9. Neutralidad:	Mantener el silencio, mostrarnos superiores, distantes, en lugar de interesados y atentos.

10. Rabietas:	Ocultar el enojo y luego explotar con furia en lugar de haberlo manifestado antes como enojo.
11. Acusar:	Ocuparse de buscar un culpable en lugar de pelear sin echarle la culpa a nadie.
12. Rectitud:	Buscar quién es el más recto de los dos en lugar de buscar lo que sea correcto para ambos.
13. Salida:	Mandarse a mudar, dejar de hablar, encerrarse y no querer analizar las cosas.
14. Interrogar:	Usar preguntas hábiles o encubiertas en lugar de hacer afirmaciones directas.
15. Triángulo:	Hacer que se enfrenten otros en lugar de tratar los problemas uno mismo.
16. Rebajar:	Tratar de usar el sarcasmo, las mofas, las indirectas, en lugar de mantener un humor sano.
17. Minar:	Rebajar la autoestimación del otro en lugar de enriquecer su respeto por sí mismo.
18. Culpar:	Jugar a ser juez o mártir para enganchar la culpa en lugar de la responsabilidad.
19. Leer la mente:	«Leer» y violentar la mente del otro en lugar de escuchar, esperar y aprender.
20. Demorar:	Ignorar olvidar, posponer, en vez de cumplir con lo que prometimos.[5]

Cuadro 4

---

[5] Ibid., pp. 6-7.

negociadas, entonces ambos pueden arribar a soluciones satisfactorias.

El párrafo final es una promesa de buscar una relación de igualdad, recíproca y perdurable. Sin embargo, esta promesa reconoce que ese amor mutuo no puede ser forzado, es un regalo. No puede ser manipulado, comienza cuando acaba la manipulación y se intercambian invitaciones.

¿De qué modo haría su paráfrasis de este pacto? ¿Qué es lo que descubre al comparar sus propias palabras con éstas?

La comunicación como invitación

«¿Por qué no me dices lo que estás pensando? Bueno...te lo digo de otra forma: Lo que realmente quiero saber es cómo te sientes conmigo en este momento. Cuando estés listo para hablar yo lo estaré para escucharte».

La forma más poderosa de comunicación no es la pregunta, ni tampoco la proposición argumentativa, ni la acusación inculpadora. La forma más efectiva y poderosa de comunicarse es la invitación. Las afirmaciones más útiles en cualquier relación comienzan con: «¿Por qué no me cuentas acerca de cómo pasaste este día?» o «Me gustaría escuchar cómo te sientes respecto a»...

Estas invitaciones son abiertas puesto que no indican, ni atrapan, ni ordenan, ni hacen emboscadas al otro como esas otras preguntas que deben ser contestadas en la forma en que el que las hace presiona para que se le responda.

Las invitaciones son liberadoras más que controladoras. Respetan el momento que elige el otro para hablar, sus intereses, su orientación. Invitan a compartir cosas sin limitar lo que se va a repartir. Las dos columnas contrastantes del cuadro 6 hacen resaltar las diferencias entre un estilo de comunicación cerrado y uno abierto. No se trata simplemente de dos formas de expresar las cosas, sino de dos formas de disfrutar la vida con otro.

El estilo de vida «preguntón» es también controlador, competitivo, coercitivo. Cuando están en presencia el uno del otro cada uno se siente menos libre, menos posibilitado de ser él mismo, menos capaz de expresar o manifestarse plenamente sin temor.

EL AMOR Y LAS ESPERANZAS
UN PACTO

Yo soy yo. Me quiero.
Mi privilegio de ser yo mismo,
mi oportunidad de hacer lo
mío,
mi derecho a realizar mi verdadero yo,
me son infinitamente preciosos.
Tú eres tú. Te amo de igual
forma.
Tu privilegio de ser tú misma,
tu oportunidad de hacer lo
que te interesa,
tu derecho a ser tu verdadero
ser,
me son igualmente preciosos.

Soy dueño de mis experiencias.
Los pensamientos que tengo,
las emociones que siento,
las palabras que digo,
las elecciones que hago,
las cosas que creo,
las acciones que hago son
mías.
Soy totalmente responsable de
ellas.
Tus pensamientos, emocio-
nes, elecciones, creencias y acciones, son tuyas.
No soy de ningún modo responsable por ellas.
Seré responsable contigo pero
no de ti, ni ante ti.

Tú eres tú.
Dentro de cualquier enojo o
herida que yo sienta en
nuestra relación, está mi
demanda de que cambies y
vivas como te pido.
No estás en este mundo para
vivir según mis esperanzas, ni
existo para llenar las tuyas.
No exigiré nada como
condición para que me ames,
pero si pediré muchas cosas
para vivir contigo.
De ellas buscaré soluciones
satisfactorias para ambos.

Yo soy yo y tú eres tú.
Si al ser nuestro auténtico yo
nos encontramos y nos
brindamos el mismo aprecio,
será hermoso. Si no, será triste.
Ese descubrimiento sólo
puede venir si me amas por
ser yo mismo
y yo te amo por ser tú misma.
Haré todo lo posible por
hallarte.
Acepto voluntariamente toda
mi responsabilidad
para amarte, buscarte y
encontrarte.
Para que cuando, simultáneamente cada uno confirme al
otro, tal como es, nos encon-
tremos y seamos nosotros.

Cuadro 5

El estilo «invitador» de ser uno con el otro es espontáneo, no defensivo, abierto y libre. Recibe con gusto al otro como participante de igual nivel en el diálogo, saca a luz lo mejor del otro, incita al otro a crecer. La invitación facilita la franqueza porque reduce la amenaza de evaluación, el juicio o el rechazo.

La invitación por sobre todas las cosas, respeta la libertad de la otra persona de aceptar o de rechazar, de responder o de permanecer callado. Valoriza la libre respuesta del amor y la prefiere por sobre cualquier otra cosa. Controlar, manipular u obligar puede producir una respuesta inmediata pero no se recibe una comunicación, cooperación, colaboración, por parte del otro. Cuando la relación entre los comunicantes importa más que el contenido de la comunicación en particular, entonces *el modo* en que nos comunicamos puede ser más importante que *aquello* que comunicamos. La clásica investigación realizada por Albert Mehrabian reveló que en una comunicación de relaciones el impacto sobre el otro es mucho más fuerte a nivel no verbal que verbal. Sólo el 7% de lo que se comunica es el contenido real de las palabras, 28 % es el tono de voz y 55% la postura, la expresión facial y los gestos. Lo que somos habla más clara y persuasivamente que lo que decimos.

Su fórmula es esta:

Impacto total = .07 verbal,
.28 vocal,
.55 facial.[6]

Las reglas básicas para el lenguaje corporal son las siguientes: cuando el contenido de la comunicación entra en conflicto con el tono de voz, uno siempre cree en el tono de voz. Cuando se dan dos mensajes contradictorios es el cuerpo el que dice la verdad; cuando la voz dice sí y la cara dice no, gana la cara.

La invitación es una forma de ser y no sólo algo que hacemos. Cuando las parejas se comunican sin imponer esperanzas o intentar manipulaciones, están ingresando al tercer estilo de matrimonio. A menudo el estilo «invitador» es posible si la ansiedad es baja, pero cuando surge una situación de estrés ambos vuelven atrás, al

---

6 Albert Mehrabian, *Communication Without Words*, [Comunicación sin palabras], *Psychology Today* [Sicología al día], septiembre 1968, p. 53

método manipulador. Cuando esto sucede con menor frecuencia es porque está afianzándose el tercer matrimonio basado en la igualdad. Los patrones ya no se basan en reaccionar uno ante el otro o ante la agenda que les llega de su historia pasada, sino en responder al otro y enfocar el aquí y el ahora (véase Cuadro 7).

El que responde lo hace desde una posición centrada en su «yo». Esta posición requiere tanto que las personas sepan lo que son como que respeten al otro por lo que es. Al reconocer el derecho de la otra persona a tener sus propios pensamientos, emociones y acciones; el que responde habla por sí mismo no por el otro, expresa su preocupación a partir de él mismo sin citar al otro, leer su mente, juzgarlo o analizarlo como formas de hablar desde el mundo de la acción y de la experiencia del otro.

El que responde se vuelve parte de una invitación a vivir, a amar y a comprender. Este tercer matrimonio dentro del matrimonio es duradero. Puede prolongarse durante esa larga etapa de los 40 y 50 años hasta que la comunicación se transforma en ese diálogo relajado del mutuo dar y recibir que sólo es posible en profundidad cuando se alcanza el cuarto matrimonio.

Es verdad que muchas parejas se comunican bien durante la etapa del noviazgo. El compromiso es con frecuencia uno de los períodos más saludables, porque se hace un pacto con una cierta forma de intimidad al mismo tiempo que hay una individualidad que está garantizada por ser todavía solteros y porque la identidad está definida más vigorosamente debido a la energía y la esperanza de la juventud. Pero, sin embargo, la profundidad de ese diálogo está limitado por la brevedad de la experiencia vivida. En el matrimonio de los primeros años y en el que le sigue también hay períodos de diálogo, pero para la mayoría de las parejas estas etapas son complicadas. El auténtico diálogo se da cuando las personas maduran y en consecuencia también madura la pareja a plenitud.

La comunicación como diálogo

«Una gran parte de nuestra vida se emplea en conversar entre nosotros. Disfruto de la forma en que ella razona, parece que ella disfruta de mí. No estamos tratando de competir con ideas, sino de

Estilos de comunicación: abierto y cerrado

Preguntas	Invitaciones
La pregunta condicionante	*La invitación abierta*
Limita o restringe las posibles respuestas del otro.	Es un pedido sin condiciones para que el otro se comunique:
«¿No crees que...?» «¿No es verdad que...?» «¿No preferirías...?»	«Dime acerca de...» «Me gustaría escuchar acerca de...»
La pregunta punitiva	No es punitiva.
Busca exponer el error del otro, intentar reducir su inteligencia, hacer un juicio sobre la conducta del otro:	*Libera la comunicación.*
«¿Por qué dijiste eso?» «¿Cómo pudiste pensar así?»	
La pregunta imperativa	No exige.
Lo que hace realmente es demandar algo o exigir cosas, aunque lo exprese disfrazado con una simple pregunta:	*Es una comunicación agradable.*
«¿Cuándo vas a hacer algo acerca de...?» «¿Por qué no te apuras con...?»	
La pregunta encubierta	Es a un solo nivel.
Oculta la intención haciendo una investigación a varios niveles y ofreciendo alternativas:	*Clarifica la comunicación.*
«¿Qué desearías hacer...?» «¿Por qué no eliges tú esta vez?» «¿Qué quieres decir con eso?»	
La pregunta preparatoria	Es transparente.
Hace maniobras para colocar al otro en una posición vulnerable, listo para «cortarle la cabeza».	*Es una comunicación con afecto.*
«¿Es verdad que...?» «¿No dijiste una vez que...?»	

Cuadro 6

completar una que exploramos juntos. Descubro que me interesa tanto su punto de vista como el mío propio».

El diálogo es la meta de toda comunicación amorosa ya que el amor es ese estado en el que la seguridad y la protección del otro es importante ante nuestros ojos. El diálogo matrimonial se da en muchos niveles diferentes de intensidad y en un amplio espectro de emociones.

El diálogo íntimo tiene lugar en la apertura vulnerable del interés y del afecto. El placer de la comunicación se produce igualmente cuando cada uno advierte el placer que siente su cónyuge, tanto como en disfrutar de la compañía del otro. El gozo de ese diálogo es el placer de ser disfrutados.

El diálogo cotidiano caracteriza a gran parte del intercambio de la vida en común. Cada cónyuge se preocupa tanto de escuchar como de que se lo escuche. La intención del que habla puede no corresponderse con el impacto que provoca sobre el que escucha, pero tiene la sensibilidad para confirmar, clarificar y reformular lo dicho hasta que ambos sientan que han sido entendidos.

El conflicto en el diálogo es un esfuerzo conjunto por alterar uno o ambos puntos de vista. El mismo se dirige directa y sinceramente a la diferencia que existe «entre tú y yo». Cuando el diálogo es bueno durante un conflicto, sólo se rechazan las ideas o comportamientos del otro, pero a la vez se le reafirma como persona. El diálogo nos muestra lo importante que es la otra persona, lo seriamente que se toman tanto sus puntos de vista como su persona, sintiéndola coparticipante de la vida. Convalida, confirma y reafirma al otro. Esto requiere de una inmensa firmeza en uno mismo para poder contradecir y discutir, empleando la menor actitud defensiva posible.

Por ejemplo, a medida que aumenta la ansiedad en medio de un conflicto, uno puede sentir que lo inundan sentimientos negativos. Expresar esto diciendo: «Me estoy enojando contigo», es muy diferente que decirle: «Tú no me gustas». Esta última afirmación es un juicio de valor que excluye y rechaza al cónyuge en conflicto. Es el comienzo del fin del diálogo. Pero el riesgo de admitir el enojo el cual es un reconocimiento auténtico de nuestros sentimientos, es profundizar en el diálogo. Admitir que uno está enojándose revela fe en el otro y en la relación, muestra confianza en que podremos manejar el desacuerdo aun cuando estemos cargados de emociones fuertes.

RESPUESTA Y REACCIÓN

Posición del yo	Posiciones nosotros-tú-ellos
Yo soy el que *responde*.	Yo soy un *reactor*.
Respondo al dolor o a la alegría del otro libremente, voluntariamente, abiertamente.	Reacciono al dolor o a la alegría del otro de manera automática, emocional, defensiva.
Puedo responder, diciendo:	Debo reaccionar diciendo:
«Yo soy...» «Yo pienso que...» «Yo siento que...» «Yo quiero que...»	«Tú me haces sentir...» «Tú me obligas a hacer...» «Tú no me dejas»..., «Tú me impides»...
En mensajes claros tipo «Yo»...	En mensajes acusadores del tipo «Tú»...
Seré radicalmente sincero: «No me gusta lo que está sucediendo entre nosotros. Estoy dispuesto a dar este paso para que las cosas cambien. Me gustaría conocer tu respuesta».	Tengo que ser críticamente franco: «Me estás arrinconando contra la pared, me estás poniendo furioso, debes cambiar o arruinarás nuestra relación».
Cada uno de nosotros es el dueño de sus sentimientos, elecciones y acciones. De modo que cada uno es libre de responder al otro con amor.	Cada uno debe sentir lo mismo que el otro, ofenderse por lo que se ofende el otro, protegerse. De modo que cada uno debe reaccionar por obligación.

Cuadro 7

La prueba más difícil del matrimonio es la habilidad de que los cónyuges se escuchen unos a otros mientras dura el conflicto. ¿Puede uno acoger al otro mientras dura la diferencia? Ambos están puestos a prueba. «¿Tengo la suficiente tolerancia conmigo mismo como para tener a mi lado a una persona cuya simple existencia estimula mi propia comprensión de las cualidades que me disgustan de mí mismo?»[7]

El diálogo se basa en: a) la autoconfirmación, b) la confianza en la relación y c) la confirmación mutua. Se requiere fe en uno mismo para ser una persona confiada, una persona que confía aun en un enemigo o en la capacidad propia de seguir escuchando y comunicándose frente al contrincante. La confianza en la relación expresa el compromiso de mantener la comunicación abierta, equilibrada, recíproca en la medida en que esto sea posible. La confirmación del otro es algo que sigue naturalmente a medida que uno extiende esa confianza, seguro de que podemos entendernos, negociar diferencias, alcanzar una solución mutuamente satisfactoria porque realmente tú obras de buena fe.

Este diálogo fue descrito de forma excelente por Martin Buber en la relación Yo-Tú, en la cual cada persona se transforma en un único «yo» pleno de integridad y valoriza al otro como un «tú» de dignidad inviolable.

Comunicarse de forma dialogada lleva años de maduración. Requiere de identidades «individuales» así como separadas. Depende de una comprensión formulada claramente, de la confiabilidad y constancia del otro, tanto en tiempos de calma como de conflicto.

Para que un matrimonio desarrolle la profundidad necesaria para una apertura mutua y otras formas de aceptarse se necesitan años. Comenzamos forjando esa relación en las primeras etapas del matrimonio; la probamos y disfrutamos en los mejores momentos de proximidad y gradualmente ganamos la madurez necesaria para mantenerla aun en los momentos más fuertes de estrés.

---

7 Charles Brown y Paul Keller, *From Monologue to Dialogue* [Del monólogo al diálogo], Prentice Hall, Inc., Englewood Cliffs, NJ, 1973, p. 203.

El diálogo es tanto una experiencia cumbre como una meseta a la cual se arriba con la profundidad sostenida que da la relación madura. La habilidad de mantener el diálogo a pesar de los desacuerdos es un signo de una confianza probada y de un compromiso confiable. El silencio ha venido a significar confianza del uno en el otro y la conversación un encuentro cargado de significados, de posibilidades y sorpresas.

EJERCICIO 4: PRACTICAR EL DIÁLOGO_____

Instrucciones. Cada uno se comunica de acuerdo a los compromisos que se dieron por sentado o fueron pactados con nuestro compañero de diálogo. A menudo estos pactos no han sido hechos verbalmente y hasta pueden ser a nivel subconsciente. Es muy útil poder expresar finalmente los compromisos de uno para con el otro o renegociar y clarificar los que necesitan ser actualizados.

El pacto de igualdad y reciprocidad en el diálogo que damos a continuación ofrece siete cláusulas que nos comprometen a tener una comunicación abierta, genuina y justa. Las parejas las han usado para constatar su nivel de comunicación. Estando frente a frente cada uno lee una cláusula y luego expresa sus pensamientos a favor o en contra, aplicándolos a la relación como un reflejo de su experiencia actual.

Un pacto proporciona una herramienta útil para comprobar la habilidad que se tiene para dialogar en cualquier etapa del matrimonio. Experimente con el pacto que le ofrecemos para descubrir y perfeccionar el suyo así como para profundizar su experiencia en el diálogo.

Siéntese frente a su cónyuge.

Uno de los dos lee la primera cláusula y luego describe cómo se ajusta o no a su actual experiencia matrimonial.

El segundo cónyuge responde con su propia perspectiva sobre la cláusula leída antes de proseguir a la siguiente.

Dialogar es al amor
Lo que la sangre es al cuerpo;
cuando el flujo de sangre se detiene,
el cuerpo muere.
Cuando cesa el diálogo
muere el amor y nace el resentimiento y el odio.
Pero el diálogo puede restaurar
una relación muerta.
En verdad, este es el milagro
del diálogo: puede hacer
que aparezca una relación,
o que renazca una que estaba muerta.[8]

El diálogo va directa y sinceramente
a las diferencias entre «tú y yo»,
Y esto requiere de una enorme solidez del yo
porque combate sin ir a la defensiva.[9]

Nadie puede desarrollarse libremente en este mundo
y hallar una vida plena
sin sentirse comprendido
al menos por una persona.
Nadie llega a conocer su yo
por introspección,
o en las páginas silenciosas del diario íntimo.
Es más bien en el diálogo,
en el encuentro con otros.[10]

Relacionarse es dialogar.
A cualquier nivel
que eso se pierda, en esa medida
cesa la relación.[11]

[8] Reuel Howe, *The Miracle of Dialogue* [El milagro del diálogo], Harper & Rowe, Publishers, Inc., Winston Seasbury Press, New York, 1966, p. 3.

[9] Charles Brown y Paul Keller, Ob. Cit. p. 199.

[10] Paul Tournier, *To Understand Each Other* [Para entenderse mutuamente], John Knox Press, Atlanta, 1967, p. 29.

[11] Reuel Howe, *Herein is Love* [De hecho es amor], Valley Judson Press, Forge, PA, 1961, p. 30.

EJERCICIO 5: LISTA DE PUNTUACIÓN PARA LA COMUNICACIÓN_____

Instrucciones. A menudo creemos que poseemos habilidad para comunicarnos y permitimos que nuestra capacidad comunicativa quede sin ser sometida a prueba. Frecuentemente nos clasificamos a nosotros y a nuestra capacidad para comunicar las cosas con claridad, de forma muy diferente a la que lo haría nuestro cónyuge.

La siguiente puntuación es un ejercicio útil para clasificar su propia capacidad y comparar ese resultado con la evaluación que su pareja hace de ella.

1. Lea la lista y evalúese en una escala de uno a cinco: 1 equivale a «pobre» y 5 equivale a «sobresaliente».

2. Luego evalúe la habilidad de comunicarse que tiene su cónyuge usando la misma escala.

3. Ahora compárenlas. Cada uno debe tomarse el tiempo de comentarle al otro cómo ve las cosas. Observe las diferencias entre la puntuación que usted se dio a sí mismo y la que le dio su cónyuge en relación a la conducta para comunicarse.

UN LISTADO EVALUATIVO

1. Reconozco que lo que veo puede ser un cuadro 1 2 3 4 5
   incompleto de lo que podría haber observado.
   Veo sólo en parte y conozco sólo parcialmente.

2. Reconozco que mi perspectiva es privada, perso- 1 2 3 4 5
   nal, parcial, no totalmente correcta, ni completamente equivocada.

3. Reconozco que lo que me dice la gente de una 1 2 3 4 5
   situación o de una persona, es sólo una versión
   resumida de lo que podría decirse.

4. Reconozco que mis esperanzas, intereses y senti- 1 2 3 4 5
   mientos, filtran lo que veo, afectan lo que escucho
   e influyen en lo que digo.

COMUNICACIÓN COMO DIÁLOGO

Reclamaré mi derecho a ser escuchado lo mismo que tú. Yo soy yo. Quiero ser oído.	**1** Igual derecho a escuchar	Respetaré tu derecho a ser igualmente escuchada. Tú eres tú. Quiero escucharte.
Me haré cargo de todo lo que diga en mi parte del diálogo. No dejaré que hables por mí.	**2** Igualmente posesivos	Respetaré tu derecho a ser dueña de tu parte de la conversación. No hablaré en lugar de ti.
Te veré como la persona que realmente eres. Dejaré de hablarle a la imagen que tengo de ti. Cancelo mi deseo de que seas la persona que eras antes o te vuelvas la persona que yo deseo que seas.	**3** Igualmente presentes	Ahora seré contigo, la persona que realmente soy. No trataré de adecuarme a la imagen que tienes de mí ni conformarme a ella. Reclamo el derecho de cambiar y elegir el que quiero llegar a ser.
No leeré tus pensamientos ni elegiré mis palabras a partir de las esperanzas de lo que yo pienso que piensas. Me sentiré libre por lo que hablaré con franqueza de lo que veo, pienso y deseo.	**4** Igual integridad	No trataré de adivinar tus deseos ni me anticiparé a tus respuestas para no limitarlas, ni inhibir tu libertad de elegir o hablar acerca de lo que ves, sientes o quieres.
Asumo toda responsabilidad por la forma en que veo y digo las cosas. No te culparé a ti por mis respuestas ni aceptaré sentirme culpable por las tuyas. Siempre soy responsable. Nunca soy culpable.	**5** Igual responsabilidad	Respetaré tu responsabilidad de ver las cosas como las ves y como las dices. No aceptaré ser avergonzado por mis respuestas ni te avergonzaré por las tuyas. Tú eres responsable en todo momento de lo que haces. No necesitas avergonzarte por ello.
Asumiré mis palabras y mis acciones, las veré como mis opciones, las valorizaré como mis respuestas, reconoceré cuando son hirientes, las modificaré voluntariamente y buscaré que tengamos una relación mutuamente satisfactoria.	**6** Igual conciliación	Admitiré mis errores. No me humillaré para ganar tu respeto ni te obligaré a «pedirme disculpas» para que ganes mi aceptación. Cambiaré la parte que me corresponde del problema de ambos.
No quiero derrochar mi libertad para disfrutarla completa cuando esté contigo.	**7** Igual libertad	En ninguna manera estorbaré tu libertad para disfrutarla cuando estemos juntos.[12]

---

[12] David Augsburger, *Caring Enough to Hear and Be Heard* [Ocuparse es más que oír y ser oído], Regal Books, Ventura, CA, 1981, pp. 91-92. Adaptado.

5. Enfoco mi comunicación con precisión y trato de   1 2 3 4 5
que mi intención y el efecto que hace sean lo más
coherentes posible.

6. Estoy atento a los signos no verbales de incom-   1 2 3 4 5
prensión y me acomodo a esa respuesta silenciosa,
tratando de reformular o mejorar lo que digo.

7. Muestro que me alegra tener a alguien que haga   1 2 3 4 5
preguntas y repita lo que digo para corroborar lo
que quiero decir.

8. Evito usar un lenguaje que haga generalizaciones   1 2 3 4 5
como «siempre» o «nunca» procurando precisar
y calificar lo que digo, si eso me es posible.

9. Uso palabras que muestren matices de diferencia   1 2 3 4 5
cada vez que puedo, en lugar de los términos tajantes.

10. Hablo desde mí mismo y por mí mismo usando   1 2 3 4 5
con claridad las afirmaciones en primera persona.
Empleo los mensajes «nosotros» en plural sólo
para expresar lo que hemos decidido en conjunto
o lo que es aceptado por ambos.

11. Trato de entender lo que habla él/ella desde su   1 2 3 4 5
punto de vista, antes de reaccionar a sus afirma-
ciones.

12. Me doy cuenta si estoy haciendo observaciones,   1 2 3 4 5
expresando sentimientos o haciendo inferencias
interpretativas y juicios de valor.

13. Evito usar palabras que sirven de «detonantes». Pre-   1 2 3 4 5
fiero que la otra persona conteste con libertad y res-
ponda a lo que digo y no a la forma en que se lo digo.

14. Reconozco que sólo tengo una vaga intuición de lo que   1 2 3 4 5
el otro quiere decir, de modo que verifico mi impresión
y busco que el otro confirme lo que he «escuchado».

5

PAPELES

PAPELES

COMPLE- MENTARIOS	SIMÉTRICOS	PARALELOS	INTERRELA- CIONADOS

YO	TÚ	YO		TÚ	TÚ	nosotros	YO	tú	NOSO- yo
SOY	ERES	SOY	vs.	ERES	ERES	somos	SOY	eres	TROS soy
YO	YO	YO		TÚ	TÚ	nosotros	YO	tú	SOMOS yo
									NOSO-
									TROS

Nosotros somos EL SUEÑO.	Nosotros somos mi sueño, no el tuyo.	Tenemos un sueño en común.	Compartimos nuestros sueños.

IDENTIDA- DES DEPEN- DIENTES	IDENTIDADES ANTIDEPEN- DIENTES	IDENTIDADES SEPARADAS	IDENTIDADES COMUNES

CLARIDAD DE LOS PAPELES	COMPETENCIA DE LOS PAPELES	DEFINICIÓN DE LOS PAPELES	FUNCIONES COMUNES
Cada uno tiene su papel y sus respon-sabilidades.	Buscamos equilibrar los papeles e igualar los derechos.	Nos sentimos libres para definir los papeles.	Trabajamos juntos sin pensar en las reglas.

Jaime y Julia se conocieron en la universidad.

Ella era bonita, despierta, extrovertida, simpática.

Él era tímido, sencillo, metido en sus estudios y sus éxitos.

Se casan. Ella abandona su trabajo como artista y tiene tres hijos. Él se dedica por completo a su trabajo. Ella pasa largos períodos de soledad, al sentirse «atrapada en la casa», luchando con la ansiedad, las depresiones, sintiéndose incapaz de controlar el hogar y los chicos. Él se entrega totalmente al trabajo. Por fin, después de siete años de matrimonio, van a ver a un consejero.

Entran al consultorio y él se sienta erguido en la silla, como si estuviera frente a una computadora. Ella asume un estilo conciliador habla primero, pero poco a poco su tono se vuelve acusador. Él responde con bondad y generosidad, oculta su resentimiento y se atiene a los hechos lógico, razonable.

Ella está ansiosa, deprimida, resentida por las responsabilidades de la casa, irritable con los hijos, enojada por la frialdad de él, con su incapacidad para amarla y por su falta de afecto.

Él intelectualiza automáticamente todo, no muestra emoción, expresa pocos sentimientos, falta de capacidad para la intimidad con ella, pero trata de hacerle ver la seguridad y el éxito (el suyo) de que ahora disfrutan en familia.

A medida que se desarrolla la conversación, los ataques de ella lo llevan a tomar la defensiva. Sus argumentos contradiciéndola provocan su enojo y comienza el ciclo del «que sí, que no» de todo conflicto.

¿Qué es lo que pasa?

Estas dos personas están en un columpio. Jaime y Julia se complementaban muy bien. Como dos marineros en lados opuestos del bote, los dos se inclinan para impedir que este se hunda.

Pero el matrimonio complementario se resquebraja.

Los dos se vuelven simétricos. Se arrinconan en las esquinas opuestas del ring, para prepararse para una pelea de diez asaltos. Sus conflictos son siempre puntuales golpe por golpe, argumento por argumento. Su segundo matrimonio está a punto de emerger.

La vida matrimonial es como andar en bicicleta.

En las primeras etapas del matrimonio los dos van en la misma bicicleta. Con frecuencia uno guía mientras el otro pedalea. El más dependiente de la pareja se deja llevar, mientras el que domina, suple la energía.

En el segundo matrimonio el que pedalea se cansa y abandona al que lleva el manubrio o bien el que manejaba se deshace del que iba atrás. Pero ambos compiten con la misma bicicleta por el derecho a determinar la dirección, por el control de la velocidad o de los frenos.

En la tercera etapa el poder tener bicicletas separadas les permite establecer diferencias entre ellos. Andan uno al lado del otro, regulan la velocidad y eligen la dirección en común. Anda cada uno en su bicicleta pero juntos. Cada uno pone su propia energía y hace andar su bicicleta. A veces van a la par, otras se adelanta uno de ellos o se retrasa, pero cada uno mantiene el otro a la vista, o lo tiene en cuenta.

En el cuarto matrimonio ya estarán listos para una bicicleta hecha para dos. Entonces cada uno puede proporcionar igual cantidad de energía o si uno de ellos descansa, el otro no lo deja atrás. Andan individualmente, pero juntos.[1]

Estos cuatro matrimonios se expresan en una secuencia de papeles que son complementarios, simétricos, paralelos e interrelacionados.

Matrimonio complementario

«Nací locuaz y encontré a alguien que le gustaba escuchar. Me encantaba su capacidad para prestarme atención hasta que me cansé de su silencio. A él le fascinaba mi expresividad hasta que quedó exhausto de mis palabras».

«Lograr hacer mis cosas en base a un itinerario —mi itinerario— se ha convertido en lo más importante para mí. De modo que su talento para ser espontánea e impulsiva, abandonar todo lo demás cuando surgía algún programa entretenido, solía ser un antídoto maravilloso para mi forma planificada de actuar.

»Pero comenzó a molestarme que me tratara como si fuera mi madre, aunque tal vez yo contribuí a alentarla. Perdí a la mía cuando tenía siete años y me crié con mi papá y otros tres hermanos. Me

---

[1] Barbara Lynch, *Couples: How They Develop and Change* [Matrimonios: Como se desarrollan y cambian], Gestalt Institute News, 1982.

casé con una mujer que había sido «la hermana mayor» que había ayudado a criar a seis hermanitos menores. Me imagino que elegí sabiendo lo que me hacía falta».

En el matrimonio, se ha dicho siempre que «dos personas se vuelven una»... es sólo cuestión de tiempo poder descubrir claramente cuál es cual. La primera fusión hace que ambos se mezclen de una forma íntima. Este proceso temporal les permite probar sus propias fuerzas y debilidades; pero debiera comenzar a disminuir en el segundo o tercer año de vida juntos.

La formación de la pareja complementaria suele darse de una forma misteriosa. El impulsivo se casa con el disciplinado, el inhibido se siente atraído por el expresivo, el dominante por el sumiso. El lado menos desarrollado de uno mismo se moldea con lo que le suministra el otro miembro de la pareja. Si la relación crece y madura, la disparidad con el otro actúa de estimulante para que cada cual se complete a sí mismo pero en una relación de dependencia los dos exageran sus tendencias y se frustran mutuamente.

Se puede hablar de la «complementarización» de diferentes formas:

Primero, como la «adaptación» que experimentan muchas parejas con rasgos de personalidad contrastantes. Tu dinamismo me comunica vitalidad, mi paciencia te ayuda a equilibrar tu entusiasmo, tus contrastes de humor tan pintorescos excitan la monotonía de mi insulsa estabilidad emocional.

Segundo, se define a menudo la complementarización como el contraste entre las diferencias *innatas* entre *todas* las mujeres y *todos* los hombres. Las diferencias están entre los dos sexos complementarios, no entre individuos únicos. Desde este punto de vista cada uno de nosotros encaja en una de las categorías con las características «dadas», que afortunadamente, se complementan. Esta concepción de la compensación, en lugar de celebrar las diferencias individuales las niega. Si los hombres son tales con ligeras variantes y las mujeres lo son con pocas complicaciones, entonces hay muy poco para explorar y casi ningún espacio para crecer.

Tercero, la complementarización podría referirse a las maneras misteriosas en las que las personas de distintos sistemas familiares con semejanzas y con diferencias generales, se descubren y se casan.

Matrimonio complementario

Claridad de los papeles

Cada uno tiene su propio papel,
cada cual sabe su lugar,
su tarea, su responsabilidad.

Identidades dependientes

Obtenemos nuestra identidad
el uno del otro,
y de nuestras relaciones mutuas;
nuestra identidad es dependiente
aunque parezca que somos independientes.
La identidad se define
por el papel desempeñado, por ejemplo:
padre, cónyuge,
profesión, función.

Supresión de los conflictos

Los problemas apareados
como dominación/sumisión,
agresión/acomodación,
seducción/atracción,
acusación/pacificación,
control/distracción,
desembocan en un acuerdo
que parece como de una sola vía,
cuando en realidad es
encubiertamente
un intercambio de doble vía.

Yo soy yo —Tú también eres yo—.
Somos «El sueño»

Cuadro 1

La atracción mutua se basa en igualdades superficiales —los intereses comunes— mientras por debajo yacen profundas divergencias. Los contrastes que los atraen proporcionan un complemento sicológico que responde a las necesidades personales tanto como familiares. Para la gente la elección de la pareja ofrece un equilibrio a las tendencias más profundas de la personalidad un equilibrio que promete llenar una parte faltante o poco desarrollada en ellos mismos. Para las dos familias que se mezclan el elegido podría llenar un papel que les es necesario o un elemento faltante que completa inconscientemente una brecha en su estructura.

Las relaciones complementarias se entrelazan de la misma manera en que una mano lava a la otra. Los cuerpos masculino y femenino se complementan. Pero estas metáforas anatómicas son sobre características inamovibles, mientras que la mayoría de las peculiaridades de la personalidad que se compensan mutuamente, no sólo podrían cambiar sino que cada uno debiera estar en libertad de hacerlo. El entrelazamiento de la unión inicial debería funcionar como un modelo y una invitación para que cada uno procure crecer en lo que le falta, no para ser una copia del otro, sino más bien para llegar a completarse en una relación de equilibrio propio y singular.

Cuando las relaciones compensatorias se vuelven fijas, a menudo son apoyadas por la creencia de que uno debe ser el líder y el otro el que lo siga:

«Yo estaré a cargo», es posible que exprese uno de ellos en forma no verbal.

Y el otro responde: «Estoy conforme».

O uno se siente llamado a salvar y rescatar, mientras el otro lo disfruta. El primero dice: «Necesito alguien a quien rescatar para sentirme bien conmigo mismo».

Y el segundo que se siente cómodo en la dependencia y la atención que provoca: «Qué suerte, buscaba quién me sacara de esta situación».

Estas actitudes a menudo tienen raíces más hondas, vienen de la generación anterior y pasan inadvertidas a nivel subconsciente. Las personas pueden vivir «como si» fueran inválidos que requieren al otro para justificarlo, aun cuando odien, luchen y se resientan contra cualquiera que advierta lo que les pasa.

Los papeles complementarios protegen el contrato entre las dos personas y aumentan las diferencias, como si esas polarizaciones fueran beneficiosas para ellos y para su matrimonio. Hay algunas utilidades en este contrato que vienen como «anillo al dedo». Se logra una coordinación de actividades con mayor facilidad pues cada persona sabe rápidamente cuál es su lugar. Una vez que se ha tomado una posición en esta relación, la cooperación es más automática y la colaboración resulta simple, pues se espera que uno lidere y el otro lo siga.

Cuando surgen los conflictos cada uno de los participantes elige el estilo que encaje con el del otro. Por ejemplo, uno ejerce un control agresivo mientras que el otro se muestra complaciente y agradable. Las demandas autoritarias de uno de los miembros de la pareja hallan respuesta en la inocente docilidad del otro. De modo que si A demanda, B se somete; luego si B seduce, A se ablanda. Por lo general, no es que uno de ellos sea poderoso y el otro carente de fuerza. Es más bien un juego de dos tipos de poder: el frontal que se hace visible como dominación; el encubierto es menos visible, pero por lo general es mucho más poderoso. Como gobierna por la culpa que provoca su martirio o el abuso que se le hace, puede ser extremadamente poderoso por debajo de la fachada de impotencia. Uno *no* puede dejar de ser poderoso, la cuestión es cuánto poder, de qué manera, se utiliza en la relación.

En el período complementario del matrimonio, hay una cierta seguridad y protección durante el conflicto, pues los cónyuges pueden predecir los resultados a partir de las imágenes definidas de cada una de las respuestas que suele emplear el otro cuando está bajo el estrés. La certeza de que uno de ellos habrá de ejercer un poder visible y el otro empleará un poder oculto, hace que el resultado sea predecible y seguro. Pero el efecto negativo puede ser incisivo y profundo. Ambas personas pierden algo de libertad, pues una invariablemente se somete y la otra domina y dirige. Se bloquea así el cambio, el desarrollo y la evolución matrimonial creativa a lo largo de la vida.

Cuando los papeles compensatorios se mantienen, las identidades se vuelven dependientes de estas definiciones de lo que es cada uno y quiénes son en conjunto. Aunque uno de ellos aparezca como independiente y el otro como dependiente, los dos definen

ACUERDOS MATRIMONIALES

La elección de la pareja
se hace
con exquisita
precisión,
e inconscientemente
se hacen ciertos pactos:
«Yo seré tu conciencia,
si tú llevas a cabo mis impulsos».[2]

Para continuar con esta lista
de transacciones matrimoniales:

«Yo seré tu padre
si tú te vuelves mi hijo».
«Yo seré el responsable,
si tú eres impulsiva».
«Yo seré el ayudante,
si tú te sientes incapaz».
«Yo seré tu sierva
si tú actúas como mi protector».
«Yo seré el líder
si tú te dejas guiar».
Yo seré el sociable y
tú serás el distante y callado».

Las variaciones de este tema son infinitas.

Cuadro 2

---

[2] James Framo, *Explorations in Marital and Family Therapy* [Indagaciones en terapia familiar y matrimonial], Springer Publishing Co.,Inc., New York, 1982, p. 172.

su identidad a partir del otro o de la pareja. Y una vez que esta se afirma en un estilo matrimonial complementario, la posibilidad de quedarse con él para toda la vida es algo latente.

Muchas relaciones que parecen compensatorias en la superficie, podrían reflejar un estado de choque y no una unión cooperativa. En lugar de intercambiar libremente sus puntos débiles y fuertes, tratando las dependencias transitorias con afecto, la pareja se encierra en sus papeles fijos. Esta conspiración inconsciente, en la que uno de ellos asume la responsabilidad y el otro espera que alguien lo cuide y proteja, bloquea el crecimiento de ambos.

Algunos de los choques suelen ser muy comunes, como los siguientes:

«Yo seré tu padre/madre: tú serás el niño. Te vigilaré, te ayudaré, te apoyaré. Tienes que ser espontáneo, despreocupado, ingenuo. Yo seré el que trabaje, tú el que se dé los gustos».

«Yo seré responsable —tú puedes ser irresponsable—. Yo asumiré la responsabilidad de administrar los planes, el dinero, el tiempo, las oportunidades. Tú puedes seguir tus impulsos libremente. Yo te protegeré, tú serás el protegido».

«Yo seré el sano y el fuerte. Tú el enfermizo. Te cuidaré, me haré cargo de tus necesidades: debes actuar el papel del paciente. Yo seré tu ayuda, tú serás el desvalido».

«Yo seré el líder, tú mi seguidor». Alguien tiene que ir adelante, el otro puede seguirlo. Uno tiene que estar a cargo, el otro debe adaptarse. Alguien debe decir la última palabra, el otro debe ceder».

«Yo seré el que recibe, tú serás el que da». Si el matrimonio es coercitivo, esto equivale a «yo seré el tirano, tú la víctima». En otras relaciones, esa expresión se traduce en: «Yo seré el que te sirve, tú estás para ser servido».

«Yo seré el sociable, tú el callado. Yo me haré cargo de las obligaciones de la comunidad, de la iglesia, de la escuela y tú puedes hacer tu trabajo, tu deporte, tu música o lo que sea. Yo seré amigable, tú sé distante».

—Nunca tuvimos conflictos —decía un veterano después de cuarenta años de estar casado—. No entiendo por qué hablan de peleas o de conflictos matrimoniales. Nosotros nunca tuvimos motivos para pelear.

—¿Y cómo lograron mantenerse sin conflictos?

—Bueno... Ella siempre hacía lo que yo le decía.

—¿Y cómo le caía eso a usted?

—Bueno, siempre me compraba lo que quería.

Los matrimonios complementarios solían estar muy bien apuntalados en la generación anterior por: a) una sicología del sentido común que veía a los hombres y a las mujeres como estereotipos y a los matrimonios como una unión equilibrada de personas no completas; b) una sociología práctica que veía los papeles de los hombres y de las mujeres como cosas dadas, no cambiantes, tan interrelacionadas y compensatorias como el «anillo al dedo»; y c) una teología del matrimonio que veía al hombre como «jefe de la familia» y a la mujer como «la ayuda idónea sometida al esposo». De modo que las expectativas culturales obligaban a las parejas a quedarse en su primera etapa del matrimonio para toda la vida.

Al llegar a finales del siglo veinte, las expectativas que se tienen respecto al matrimonio son mucho más expresivas, emocionales, relacionales que en otros períodos anteriores. Ahora se espera que haya mayores niveles de intimidad y franqueza, una expectativa que hace acortar de continuo el tiempo del llamado período «complementario» del matrimonio. El movimiento hacia la igualdad de papeles y a una distribución equitativa de las responsabilidades en la crianza, en las tareas domésticas y en la administración de la familia hace que las parejas se desplacen de la compensación del matrimonio inicial, a la división equitativa del trabajo, a la negociación de las diferencias y a la resolución de los conflictos. Esto es para muchos la forma de facilitar en un plazo más corto, el ingreso a una relación paralela.

Sin embargo, la mayoría de las parejas comienzan viviendo los papeles de sus familias de origen, mezclándolos con aquellos que pueden negociar y crear entre ellos. Estas reglas pueden ser asumidas y aceptadas, pero son determinantes poderosas de la forma que tomará el matrimonio.

> Cualquier regla establecida por los cónyuges define un cierto tipo de relación. La regla de que el esposo es quien debe consolar a la mujer cuando está atribulada, define una relación compensatoria». Pero un acuerdo mutuo acerca de que ella debe participar con igualdad

de derechos en las decisiones sobre el presupuesto familiar, define una relación *simétrica* en ese aspecto.[3]

Toda relación es, en algunos aspectos, complementaria y, en otros, simétrica. Puede ser además paralela. Alguno de estos patrones será dominante en el primero, segundo o tercer matrimonios.

Ahora trataremos el segundo matrimonio.

El matrimonio simétrico

«Me gustaría tener igual derecho a hablar que tú. Me canso de escucharte decir... y decir cosas».

«Quizás hablo más que tú, pero una frase de tu parte a menudo vale tanto como todo un párrafo de los míos».

«Todos dan por sentado que debo seguir siendo ama de casa. Pero creo que tengo igual derecho a terminar mi carrera. Quisiera volver a la universidad el próximo año, para completar mis estudios».

«Siento que no respetan mi punto de vista en las decisiones. Esta vez quisiera que tomaran en cuenta por qué cosa me inclino».

«Estoy dispuesto a considerar lo que me dices, pero recuerda que la última vez ni siquiera me consultaste».

Cuando la pareja perfecta descubre que está cansada de sus papeles fijos y trabados, entonces comienzan a volverse simétricos.

Las relaciones simétricas son como un «sube y baja» emocional, un «tira y encoge» matrimonial. Expresan la convicción de que las dos personas tienen igual derecho a definir su relación en todas las áreas. «Tengo tanto derecho de definir lo que seremos, como tú. Mi punto de vista tiene igual valor que el tuyo».

Por primera vez en su matrimonio cada uno reclama su parte del terreno y lo define de forma unilateral. Ahora a medida que se liberan de sus ataduras a los viejos papeles, reclaman el derecho a

---

3 Jay Haley, *Strategies of Psychotherapy* [Estrategias de la sicoterapia], Grune & Sratton, Inc., New York, 1963, p. 124.

Matrimonios simétricos

Competimos por papeles

Buscamos papeles equilibrados
con derechos equivalentes
que definan las tareas,
los privilegios
y las responsabilidades.

Identidades contradependientes

Dependemos el uno del otro
para nuestra identidad,
aunque estemos constantemente
afirmando y defendiendo
nuestra independencia
en busca de un equilibrio.
La identidad está conectada
por el rol, la profesión, la función,
el éxito, el reconocimiento,
o separada por causa de ellos.

Conflictos cíclicos

El equilibrio entre dos
personas simétricas con una visión rígida o fija
acerca de la igualdad,
crea un conflicto cíclico,
donde las personas alternan entre
dominar/someterse,
iniciar/reponder, etc.

Yo soy yo.		Tú eres tú,
Somos mi sueño	vs.	no tu sueño.

Cuadro 3

todo en su vida en común. Quieren igualdad, de modo que las diferencias que antes se marcaban para poder complementarse mutuamente, ahora comienzan a borrarse. Somos igualmente capaces, tenemos el mismo derecho a dirigir nuestra vida en conjunto.

Algunas parejas se desplazan por esta etapa simétrica con muy buen humor, haciendo que las bromas y comentarios risueños conviertan sus discusiones y peleas en un divertido reacondicionamiento de sus relaciones matrimoniales. Pero para otros la competencia puede estar cargada de tensiones y sentimientos amenazadores. También están aquellos que pueden ser fríamente matemáticos para reelaborar una igualdad perfecta en la lucha por el poder y el estatuto de cada uno.

Los conflictos simétricos suceden desde el inicio de un matrimonio, pero en el período que va del séptimo al décimo años, los cónyuges descubren la necesidad de profundizar en las expectativas y presunciones básicas del matrimonio y volver a hacer un ajuste en las desigualdades. A menudo estas injusticias son prolongaciones de ambas familias de origen. Él tiene una imagen de su rol que está en conflicto con la de ella y viceversa; ambos tienen expectativas en lo que respecta al rol del otro que pueden adecuarse a los que representaron sus padres pero que no concuerdan con la relación actual.

Cuando el conflicto simétrico es positivo y efectivo, ambos integrantes de la pareja pueden abocarse al logro de resoluciones mutuas, equivalentes y equilibradas para sus relaciones de trabajo, vida y amor. Cuando se vuelve negativo, los dos se esfuerzan por reclamar el mismo territorio, utilizar las mismas estrategias, competir por las mismas oportunidades. En sus momentos de mayor intensidad, se invierte mucha energía en rechazar el punto de vista del otro y probar la superioridad o la equivalente dignidad del propio.

Algunas parejas entran en competencia y conflicto simétrico a principios del matrimonio y permanecen en esta danza recíproca durante toda la vida.

Esta etapa empieza con peleas superficiales sobre preferencias personales, evoluciona hacia problemas más profundos acerca de los papeles y luego crece hasta convertirse en un conflicto de relación, década tras década. Dos contendientes agotados pueden sostener el conflicto matrimonial a lo largo de años, como una forma de blandir la dependencia recíprocamente amenazada por la excesiva proximidad —de allí la lucha por encontrar un espacio— y a la vez sentirse aterrorizados de producir demasiado alejamiento, de modo que luchan por volver a vincularse.

Cerca de un tercio de todas las parejas dentro de la cultura occidental consideran el movimiento que los lleva hacia un conflicto simétrico, como una evidencia de incompatibilidad. De ahí deriva el lento (o rápido) proceso que culmina en la separación o el divorcio.

Cuando el enojo desencadena más enojo, cuando el enfrentamiento provoca una reacción como respuesta, el conflicto crece. En este período simétrico ambos se vuelven ansiosos, se dejan atrapar por las tensiones, sienten la acelerada discrepancia y como resultado, se distancian aún más. Muchas parejas pueden tolerar la tensión en sus relaciones sólo por unas semanas antes de comenzar a buscar cómo librarse de la situación. Cuando uno piensa que el matrimonio simétrico dentro del matrimonio suele durar varios años, comúnmente entre el séptimo y el décimo año, no es sorprendente que la separación emocional, física y matrimonial ocurra con tanta frecuencia.

Requiere de valor para poder atravesar este período y de mucha determinación poder contemplar al matrimonio saliendo de su peor etapa (y también de la mejor de ellas). Es necesario un compromiso de permanencia y fidelidad. Aquellos que sobreviven se desplazan hacia la tercera etapa —gradualmente para la mayoría, muy rápido para unos pocos— y se descubren a sí mismos caminando por senderos paralelos o como muchos lo describen, van caminando de forma paralela sobre el mismo sendero.

Durante el primer matrimonio era uno solo el que elegía el sendero y el otro cooperaba. En el matrimonio siguiente la lucha por elegir la senda casi los dividirá. Ahora están libres de elegir un camino en común, lo suficientemente ancho como para que caminen los dos, lado a lado. Ya no se enfrentan cara a cara en conflicto o se dan la espalda desafiantes. Están libres para caminar juntos.

Matrimonio paralelo

Definición de papeles
Somos libres para definir nuestros papeles
de acuerdo a nuestras preferencias
y habilidades, sin presionar
ni amenazar.

Identidades separadas
Cada uno de nosotros es una persona
con identidad individualizada,
autoconciencia de su valor,
de su libertad para elegir,
para cambiar, para ser flexible.
La identidad nos separa para
hacer (mi trabajo), tener (mis cosas),
y crecer para llegar a ser (yo mismo).

Negociación de conflictos
La presencia paralela de dos
personas equilibradas les permite
tratar los contrastes
que producen las diferencias
y el choque de las similitudes,
mediante negociaciones mutuas.
Si aparecen nuevamente los ciclos de antes
y sus ataduras,
nos esforzaremos hasta llegar a
soluciones satisfactorias para ambos.

TÚ	nosotros	YO
ERES	somos	SOY
TÚ	nosotros	YO

Cuadro 4

Una vez aceptada
la verdad
de que aun entre
las personas más allegadas
continúan existiendo
distancias infinitas,
puede surgir
una forma maravillosa
de crecer juntos,
si es que logran
amar la distancia
que hace posible
que cada uno
pueda ver al otro
en su totalidad
contra un amplio cielo.[4]

4 Rainer Maria Rilke, citado por Anne Mporrow Lindbergh, *Gift from the Sea*
[Regalo del mar], Random House, Inc., New York, 1955, p. 98.

Matrimonio paralelo

«No sé ni cómo ni cuándo ocurrió el cambio, pero ya no estamos en grupos contrarios. Estamos de nuevo juntos pero con una gran diferencia con relación a nuestro primer matrimonio. Ahora me siento mucho más seguro de quién soy, veo mucho más claro quién eres tú y tengo mucha más confianza acerca de quiénes somos en conjunto».

Las relaciones paralelas a diferencia de las piezas del rompecabezas del primer matrimonio o del sube y baja del segundo, son como caminar de la mano. Su distancia se expresa en el hecho de que cada uno camina sobre sus propios pies. Pero comparten la dirección al ir juntos y enfrentar un destino común. Su vinculación es segura y consistente en el toque de la mano o en el apretón que se dan.

Las relaciones paralelas se basan en la convicción de que el reconocimiento de las diferencias, la apreciación de ser distintos y el expresar opiniones contrarias ocurre en el dar y el recibir.

Cuando queda claro que tengo el pleno derecho de ser yo mismo y tú estás en tu derecho de ser tú mismo, entonces ya no necesitamos preocuparnos de ser tragados por la proximidad. Seguros en nuestro respeto mutuo podemos explorar nuestras personalidades contrastantes.

Si sé que tú no sólo toleras mis diferencias, sino que también las aprecias, entonces me siento más libre para cambiar y crecer. Cambiamos, no cuando intentamos rechazar, luchar o huir del que hemos sido sino cuando aceptamos y nos hacemos cargo plenamente de lo que fuimos, dónde estamos y quiénes somos ahora. Liberamos a nuestro cónyuge para avanzar en los cambios que él o ella elija, cuando lo aceptamos tal como es y si abandonamos cualquier fantasía o estrategia para modificarlo con respecto a lo que fue y es.

Ya no luchan por tener el control. Cada uno tiene áreas de control separadas que han sido reconocidas por el otro, se unen en aquellas decisiones que requieren una acción común. Su estilo de relacionarse es más relajado y confiado. Las respuestas como bocetos de su vieja danza simétrica han cesado. Ya no tienen la rigidez de antes ni tampoco reaccionan, de modo que pueden complementarse en aquellas áreas en que se estimulan recíprocamente o permanecer simétricos si todavía necesitan elaborar relaciones más justas y equitativas. Ahora pueden ser paralelos en aquellas relaciones comunes en que ambos liberan al otro para ser su yo autónomo, en la solidaridad de su matrimonio maduro.

Cuando crecen las tensiones es posible que los conflictos los vuelvan a atar a soluciones complementarias. Esto es apropiado si los puntos fuertes de uno son obvios frente a los débiles del otro. Pero más frecuentemente lo que ocurre es que vamos y venimos de relaciones paralelas a simétricas. Un día nos encontramos elaborando las cosas con un compañerismo relajado; al siguiente es posible que otra vez volvamos a discutir por un sí o un no, en una relación competitiva. Lo importante es que si retrocedemos a los viejos estilos, reconozcamos lo que hacemos y pasemos menos tiempo en estos inadecuados patrones de conducta. Diez minutos de conflicto competitivo allí donde se nos iban diez horas o diez días es un avance verdaderamente significativo.

En su forma positiva, una relación paralela permite desarrollar una porción separada de la meta en común. Pueden haber sendas contrastantes y medios por completo diferentes de lograr las cosas, pero ambos disfrutan los resultados en su vida común.

En su aspecto negativo, la relación entre ambos podría tomar líneas divergentes en lugar de paralelas y gradualmente producirse una distancia entre los dos. Un matrimonio vital en esta etapa se conecta por una clara comprensión mutua, por medio de pactos consistentes, por el tiempo juntos, por una recíproca lealtad. Todo esto los une, a la vez que les permite respetar su distancia. La unión queda asegurada mientras la separación es protegida.

El poeta Rainer Marie Rilke describía las relaciones amorosas como la capacidad de amar la distancia entre ambos, la cual los conecta y también los separa. Esta distancia garantiza la proximidad y el contacto, pero sin embargo, asegura el respeto por la inviolabilidad del otro. El amor es una tensión entre la unión y la separación, según el teólogo Paul Tillich. La unión simboliza el impulso a mezclarse y fundirse con el amado, la separación reconoce la necesidad de respetar las fronteras del otro y su inviolable dignidad interior. El amor es acercarse al otro tanto como sea posible, sin violentar la intimidad; el amor es hacer contactos auténticos con el otro sin tratar de controlar, depender, dominar o seducir.

MATRIMONIO ENTRELAZADO

Función común
Fijamos, cambiamos, delegamos,
asignamos, distribuimos funciones
sin pensar en los papeles.

Identidades comunes
Como personas con identidad clara
y personalidad centrada, somos
libres de acercarnos o alejarnos,
de estar juntos o separados,
conscientes de nuestra seguridad y
aceptación.

La identidad está centrada en
la personalidad, aislada del
papel, la profesión y el potencial.

Conflicto utilizado
El conflicto es aceptado,
es bienvenido, se utiliza para invitar
al crecimiento y la profundidad
de la relación. Ya no es tan
temido ni tan destructivo, sino
festejado como un estímulo constructivo
y como energía para el crecimiento.

tú	NOSOTROS	yo
eres	SOMOS	soy
tú	NOSOTROS	yo

Cuadro 5

Lado a lado, cada uno amando al otro, ambos valorando la distancia que los une y los separa, los dos se mueven con confianza a lo largo de una misma senda y hacia una meta común. A medida que viajan la necesidad de permanecer iguales se satisface y luego se da por sentado; su antigua preocupación por estar totalmente igualados en cuanto a privilegios y responsabilidades ya se ha cumplido y en gran medida ha quedado olvidada. Ahora los dos avanzan libremente cada uno dando los pasos de su danza. Emerge entonces una relación interrelacionada que se basa en la libertad y la intimidad.

Matrimonio entrelazado

«Me siento cerca de ti, pero de una manera muy relajada. ¡Tan diferente a nuestro primer matrimonio! Entonces estar cerca significaba que alguien era absorbido por el otro y estar separados nos parecía un rechazo».

En un matrimonio maduro —si es que llegan a esa etapa— hay libertad para estar cerca o lejos, distante o cercano, juntos o solos, sin sentir que la ansiedad sube o baja. La persona ha aclarado su identidad de modo que cada uno se siente seguro en la proximidad de la cercanía íntima. Los patrones entrelazados y entretejidos de sus vidas no amenazan el sentido personal que cada uno posee. El proceso de adquirir identidad comienza en la adolescencia, se forma alrededor de los veinte años, se interioriza más o menos a los treinta y es sometido a prueba durante el crisol matrimonial de los conflictos, para crecer alrededor de los cuarenta y volverse seguro después de los cincuenta. Es un largo tiempo de espera para adquirir una identidad plena, pero el desarrollo de un núcleo sólido de sí mismo requiere tiempo y toda una vida de experiencias.

En las etapas anteriores, nuestra identidad iba ligada a las tareas, luego a los papeles y estados de la vida. Pero a medida que la identidad se centra en la persona misma, se desconecta de los papeles, de la función o de la posición. Cuando todo esto se separa de nuestro yo interno, entonces los papeles se dejan a un lado y nos liberamos para ver las tareas no como papeles que se deben interpretar sino como funciones. Ahora ya es posible fijar, intercambiar,

Una buena relación
tiene un patrón
como una danza
y está edificado
sobre algunas de
sus reglas.

Los patrones
no necesitan ser
rígidos, ni atarnos,
porque nos movemos
con confianza
dentro del mismo paso,
intrincado
pero alegre
y ligero
y libre,
como una danza pastoril
de Mozart...

Aquí no hay lugar
para el abrazo posesivo,
el brazo que aferra,
la mano que sujeta.
Apenas sí un roce al pasar.

A veces del brazo,
a veces mirándonos,
a veces de espaldas,
no importa cuál.
Porque sabemos que somos compañeros
que se mueven con el mismo ritmo,
creando juntos un movimiento,
y siendo invisiblemente sostenidos por él.[5]

5. Anne Morrow Lindbergh, Ob., Cit., p. 104.

delegar, asignar y reasignar funciones, sin prestarle mucha atención a los papeles.

Los mismos que antes se les asignaba, según la tradición o las expectativas personales, luego fueron objeto de debates y de disputas, y por fin aceptados en aras de una justicia igualitaria durante el período paralelo del matrimonio, ahora simplemente se les ha dejado de lado. En lugar de verlas como papeles, uno ve las mismas tareas como funciones y esto hace que cambien por completo.

La perspectiva desde el papel ve a la persona inseparable de la tarea, cuando se le ve desde la función entonces se reconoce que el individuo elige ciertas tareas pero rechaza otras, así como que ningún trabajo le pertenece a un sexo de forma exclusiva, salvo el de la gestación y el amamantar. Todos los otros se pueden asignar, intercambiar, distribuir, renegociar, de acuerdo al don, la preferencia o cualquier otra circunstancia. Los dos gozan ahora de una apertura y una libertad que les permite moverse cerca o lejos, sin la amenaza de ser ni encerrados ni abandonados.

El período paralelo que evaluaba la distancia entre ellos como una parte esencial del trato justo, respetuoso y equilibrado de la relación ahora ha sido superada por el gozoso entrelazamiento de las vidas, dentro del matrimonio maduro de dos seres seguros de sí mismos.

Quizás la mejor metáfora para las personalidades entrelazadas —no enmarañadas— sea la de dos vidas enlazadas en una danza.

Anne Morrow Lindbergh escribió una encantadora descripción poética de la relación madura en su libro de reflexiones, *Gift From the Sea* [Regalo del mar]. Lo hemos incorporado en este capítulo. Ella hace notar la libertad y espontaneidad de la danza y también las reglas y los patrones de los movimientos en pareja. Hay una naturalidad confiada, un ir y venir enlazados, una confianza relajada, una proximidad gentil, una unión íntima.

Disfrutan la música, sienten el ritmo, conocen los pasos, les encanta improvisar, excitan y complacen al otro.

El último matrimonio es el mejor. Vale la pena vivir para alcanzarlo, trabajar para obtenerlo, luchar para lograrlo. Yo me he vuelto verdaderamente «yo», tú has crecido y eres realmente tú y ahora el «nosotros» se ha vuelto algo que es de verdad más que la suma de las partes. El yo y el tú no necesitan escribirse en letras mayúsculas, mientras que el «NOSOTROS» se ha convertido en lo más destacado.

Cuando mi «yoísmo» se siente seguro,
puedo respetar tu ser propio.
Cuando el ser tú mismo es algo que me regalas,
puedo disfrutar mi propio yoísmo.
Si mi yoísmo sofoca tu ser íntimo,
o tu ser íntimo disminuye mi yoísmo,
entonces, se empobrece nuestro «nosotros».
De modo que yo seré yo, tú serás tú,
y seremos libres de ser nosotros mismos,
en una danza de integridad e intimidad.

El primer «nosotros» de la fusión —que se destruyó por la competencia y el individualismo— fue recuperado en el segundo «nosotros» de la seguridad paralela. Ahora el tercer «nosotros» ha llegado (el nosotros 1, el nosotros 2 y el nosotros 3). Como cada uno ha encontrado su centro y lo ha afirmado los cónyuges se pueden encontrar con libertad y seguros, en una unión que honra su peculiaridad como personas y donde cada vez hay menos distancia para defender sus diferencias.

EJERCICIO 6: EL YO TOMA POSICIÓN _____

Instrucciones. Tomar una posición clara de «yo individual» es un proceso de crecimiento y desarrollo continuo. Se le ayuda cuando cada persona habla por sí misma y para sí misma, sin acusar o pedir disculpas, sin excusarse ni explicar las cosas, sin atacar ni defenderse. La forma más clara y que más ayuda a aumentar la capacidad de hablar desde una posición de «yo» es usar mensajes en primera persona.

Los «mensajes-yo» no son egoístas o de una arrogancia que intenta imponerse sobre el otro. Son mensajes de apertura, vulnerables, confesionales que expresan lo que creemos, sentimos, vemos, queremos, elegimos y planificamos, en respuesta al otro.

Es importante que las parejas practiquen el uso de mensajes-yo que sean claros y que se ayuden mutuamente a expresar lo que sienten, necesitan, quieren con sinceridad y precisión.

Pero observen: La mayoría de las personas comienzan a hablar con mensajes-yo, sólo para encubrir un lenguaje dirigido a censurar a la otra persona. Por ejemplo, «me siento enojada porque tú...» Pero un mensaje claramente hecho en primera persona no enfoca al otro y *sólo* habla de sí y por sí. Ejercítense en aclarar su posición-yo hasta que puedan expresarse diciendo lo que sienten sin acusar, analizar o describir la posición o la conducta del otro.

Algunas personas tienen problemas para comenzar una oración con el pronombre «yo». Los siguientes enunciados han sido de ayuda para comenzar a hacer uso de los mensajes en primera persona. Por favor, complete estas oraciones y piense acerca de estas alternativas.

Deseo que _____
Me gustaría _____
Me fastidia _____
Quiero _____
Me siento _____
Si yo fuera _____
Si yo pudiera _____
Me encanta_____
Yo puedo _____
Yo podría _____
Yo debería _____
Disfruto cuando _____
Debo _____
Necesito _____
Me gusta _____
Me satisface que _____
Comprendo que _____
Veo que _____
Me parece que _____
Recuerdo _____
Me temo que _____
Me agradaría _____
Yo soy _____
Confío en que _____
Me duele cuando _____
Pienso que _____
No me gusta que _____
Protesto si _____
Me asusta cuando _____
Denuncio que _____
Trato de _____
Yo lo hago así _____
Veo que _____
No quiero que _____

Haga tres oraciones propias, en primera persona y complételas.

1._____

2. _____

3. _____

EJERCICIO 7: EJERCICIOS DE POSICIÓN _____

Instrucciones. Cuando las parejas se ejercitan en diferentes posiciones físicas y relacionales, surgen siete puntos clave. En el siguiente ejercicio se han elegido siete elementos de una comunicación diaria y se sugiere que usted las experimente intencionalmente de manera más profunda.

Cada parte del ejercicio lo invita a explorar un aspecto diferente de la forma en que ustedes se relacionan, en cualquiera de las etapas de su matrimonio que esté disfrutando o dejando de disfrutar.

Inicie el ejercicio con una actitud de «colocarse» a sí mismo en un aspecto diferente, para ver cómo se puede ajustar o no en este período de su relación.

Se los ofrecemos como experimentos, como formas de explorar y profundizar partes de ustedes mismos y de su comunicación.

No hay recetas ni resultados prefijados. Ambos cónyuges deberán sentir y expresar su derecho de actuar y hablar de maneras que sean consistentes con sus personalidades y congruentes con uno mismo. La esperanza es que cada uno descubra algo liberador, agradable y más efectivo que les permita ver, escuchar, tocar y nombrar al estar juntos.

Ejercicios de comunicación

Para profundizar la comunicación experimente su propia forma de dar y recibir mensajes lentamente, paso a paso, de manera reflexiva, buscando la relación y mirándose de frente.

Tómese el tiempo necesario para experimentar cada elemento plenamente, antes de proceder con el siguiente. Después de pasar tres minutos experimentando en silencio puede verbalizar sus descubrimientos y respuestas.

1. Rodilla con rodilla

   Siéntese rodilla con rodilla, cierre los ojos, medite en la relación que los conecta. ¿Quién es usted? ¿Quién es el otro? ¿Qué es esto que ahora los conecta? Después de tres minutos exprese sus reflexiones.

2. Mírense

   Permita que el otro lo mire a usted en silencio. Deje de lado toda actitud defensiva y permítale entrar. Preste atención a sus sentimientos mientras recibe la mirada del otro y también analice sus interpretaciones acerca de lo que siente el otro. Comuníquense lo que descubran.

3. De la mano

   Junten las manos y comuníquense lo que sienten mediante un apretón o al tocarse los dedos, las palmas, las muñecas, al presionar o al masajear. Reflexione quién es el que inicia el movimiento, quién toma la iniciativa, quién es el más tierno o el más firme, el más pasivo de los dos. Digan lo que descubrieron.

4. Por el nombre

   Alternen para nombrar al otro con una variedad de formas, cambiando de tono, intensidad, emoción, etc. Finalmente, altérnense en decir el nombre del otro con respeto, con afecto hasta que el otro les dé la señal de que «le cae bien». Infórmense.

5. Por los sentimientos

   Una de las personas le dice a la otra lo que siente muy profundamente en ese momento. El otro se limita simplemente a registrar los sentimientos que cree percibir en él y luego expresa su percepción: «Te sientes solo/a cuando salgo a trabajar en lugar de quedarme más con la familia y...»
   Cambien los papeles y repitan el ejercicio.

6. De espaldas

Traten de discutir de pie y separados, dándose la espalda. Primero elijan un tema, luego den un giro y aléjense cinco pasos. Presten atención a la distancia, a la ausencia de expresiones o gestos, a lo que sienten interiormente, al proceso que tiene lugar entre ustedes.

7. Cara a cara

Ahora repita el tema de la discusión anterior mientras están de pie, cara a cara y a la distancia que cada uno prefiera. Comiencen desde una posición muy próxima, «tocándose la nariz» y luego retrocedan hasta encontrar la distancia a la que ambos se sientan cómodos. Observe los cambios de emociones en esta nueva posición. Compare la ausencia y la presencia de contacto visual y de todos los signos faciales y físicos. Comenten sobre lo que descubrieron.

Finalmente vuelvan a sentarse tocándose las rodillas, tomándose las manos y reflexionen mirándose de frente sobre todos los descubrimientos de estas siete experiencias de escuchar y ser escuchado.

6

INTIMIDAD

INTIMIDAD:

ENLAZADOS	EQUILIBRIO	MEZCLA	TRANSFORMACIÓN
Los dos se mezclan en una unión íntima e intensamente afectuosa. Hay un primer sentido de ser «nosotros». (Nosotros)	Se separan en una intimidad conflictiva y cíclica. Comienzan a adquirir un sentido maduro de intimidad. (Yo-Tú)	Integran sus vidas en una intimidad mutua. La identidad es esperada y se asegura la solidaridad. (Yo-Nosotros-Tú)	Maduran en una intimidad a todo nivel. Libres para ser cada uno él/ella mismo/a evolucionan (Nosotros)

DEPENDIENTES	INDEPENDIENTES	INTERDEPENDIENTES	ÍNTIMOS
La intimidad es codependiente del momento; la situación depende de que el otro actúe «como se espera que debe hacerlo».	La intimidad es intermitente. Intensa cuando todo anda bien, ausente cuando hay tensiones o uno de los dos se siente amenazado.	La intimidad se integra porque la autonomía es clara, la singularidad de cada uno es segura y la experimentan mutuamente.	La intimidad es auténtica: se desarrolla en niveles emocionales, mentales, sociales y espirituales.

Ana_____

«¿Conoce la fábula de Esopo sobre la hormiga y la cigarra? La hormiga trabaja y almacena para el invierno, la cigarra hace fiestas y canta todo el verano... Así somos nosotros. Néstor es una hormiga... El rey de las hormigas. Quiere guardar cada centavo posible para que tengamos seguridad en el futuro que nos amenaza.

»Pero yo soy como la cigarra. Me gusta disfrutar la vida, vivir el ahora, no el mañana. Quizás a Néstor le es posible postergar la vida indefinidamente, pero yo no puedo. Para él la vida es sólo trabajo, sacrificio, ahorro.

»Mis padres tenían tanto miedo de no tener suficiente dinero para cuando fueran viejos —porque crecieron en la época de la depresión— que se negaron todo lo que significara un placer.

»Me gustaría sentirme cerca de Néstor como en los primeros años de nuestro matrimonio, cuando estábamos en la universidad. Pero ahora nunca está. Trabaja todo el tiempo».

Néstor_____

«Amo a Ana: ella es la alegría, el verdadero centro de mi vida. Quiero que tenga todo lo que su familia le brindó y yo no tuve. De modo que no puedo negarme trabajos que signifiquen seguridad económica.

»Por supuesto yo trabajo mucho tiempo extra. Y sí, tengo que ausentarme y viajar bastante, pero tenemos que sacrificarnos ahora, si es que queremos tener seguridad mañana.

»Ana no se siente feliz si no estoy allí para todos los planes que hace. No soporto discutir con ella, de modo que trato de estar cuando puedo, pero siento alivio cuando mi trabajo me obliga a estar afuera.

»Las peleas por el asunto de dedicar tiempo a la familia, o por lo poco que estamos juntos, sumado a todo mi trabajo extra, me agotan. Es como una pared que nos separa. Mientras no consiga un aumento no veo cómo va a cambiar la situación».

Todos anhelamos profundamente una relación íntima. También le tenemos un gran miedo. De modo que la intimidad se mueve en dos direcciones. El logro de una estrecha unión no es un movimiento simple, paradójicamente la intimidad fomenta tanto el alejamiento como la proximidad entre los miembros de la pareja.

Yo (en tanto que realmente soy yo mismo) sólo puedo sentirme íntimamente uno contigo, si tú eres tú (realmente eres tú misma). Nuestra intimidad crece si tú eres capaz de ser más plenamente quien eres y yo me vuelvo más libre para ser el que soy.

Durante siglos se ha dicho que el matrimonio hace que dos se vuelvan «uno». ¡Es cuestión de tiempo saber *cuál* de ellos!

«En un matrimonio unido como se le entiende de manera tradicional» observa Laura Perls, «el cónyuge no se vuelve un uno significativo, sino una insignificante copia del otro».

Más que una caricatura esta descripción es un cuadro de muchos matrimonios en los que se ha perdido el uno mismo, a causa de la fusión. «Dos personas pueden "casarse" o "unirse"; cuando se unen, la distancia entre ellos estará siempre presente. Lo que resulta imposible es "casarse": conocer y ser totalmente conocido por el otro, fusionarse y ser completamente uno en el otro. "Casarse" es como hacer una salsa: los ingredientes están tan bien mezclados que resultan indistinguibles. La imagen opuesta es la de las piezas de un rompecabezas que se "unen" donde los bordes son la separación que no se borra nunca.»[1]

La verdadera intimidad se funda sobre la unión de engranajes, no en un crisol de fundición. Las relaciones saludables no son por contacto, ni por continuidad. La intimidad aunque parezca paradójico, aumenta cuando se reconoce la separación, no por negarla.

Las paradojas de la intimidad

Sí, la intimidad tiene sus aspectos paradójicos:

Uno, una persona necesita estar separada para poder estar cerca.

---

[1] Sonia Murch Nevis y Joseph Zinker, *Marriage, the Impossible Relationship*, [Matrimonio, la relación imposible] en Gestaly Institute *News* [Noticias] 5, Otoño de 1985, p. 1.

Dos, aquellos a quienes amamos son los que tienen más poder de herirnos.

Tres, necesitamos buscar la tranquilidad y la sanidad de mano de aquellos a quienes herimos y nos hieren.[2]

Estas tres dimensiones paradójicas son esenciales a la intimidad matrimonial. Son rompecabezas de proximidad, de crisis y de reconciliación.

Sólo los seres independientes pueden tener intimidad mutua.

Para poder estar cerca del cónyuge uno debe volverse un ser separado. La separación y la proximidad suelen presentarse como opuestos en cierta situación, pero eso es falso. Se les debe entender como opuestos y también como lo contrario.

Nos separamos más con un sentido de intimidad personal muy claro, *pero también* capaces *los dos* de acercarnos uno al otro sin temores ni reservas.

Ambos somos personas diferentes con su propio centro y *ambos* nos sentimos plenos al mezclar nuestras experiencias emocionales comunes.

De modo que, *tanto* la autonomía como el estar en contacto, *tanto* el poder ser *dos* como el poder ser *uno*, *tanto* la identidad individual como la unidad matrimonial, son básicos para la intimidad.

El decano de los consejeros familiares Carl Whitaker escribe esto en su típico estilo incisivo:

> A medida que dos personas viven juntas [...] se acercan cada vez más y al mismo tiempo se alejan. Esto es un asunto muy extraño, pero es así, cuanto más se aproximan, más se separan. Si no se separan más, entonces no podrán seguir acercándose [...] cuanto más libre se es para estar con otros, especialmente con la esposa o con personas que nos son importantes, tanto más libre se vuelve uno para estar consigo mismo. Cuanto más

---

[2] Luciano L'Abate et al., *Family Psychology* [Psicología familiar], University Press of America, Washington, DC, 1983, p. 116.

se está con uno mismo, más podremos estar cerca del otro.[3]

Nuestra primera experiencia de proximidad en la infancia es de carácter simbiótico. El niño tiene una relación de continuidad con las personas que le son importantes, en una fusión originaria que deberá superar a medida que se vuelve un sí mismo separado. Fritz Junkel llamó a este proceso el itinerario desde el primer «Nosotros» hasta el descubrimiento del «Yo-Tú» y al final el logro del segundo «nosotros»[4]. La madurez está directamente vinculada a la posibilidad de emerger de esa maraña con otros, de esa pérdida de nuestra identidad en la de otros, de habernos enganchado a otros, de sentirnos fundidos con otros y liberarnos para estar con otros, como personas claramente distinguibles y diferentes.

El desarrollo básico que puede liberarnos es la capacidad de *estar* con otros sin necesitar *hacer* nada para ganarlos o vencerlos ni responder a expectativas reales o imaginarias, ni tampoco que sientan la necesidad de *hacer* algo para que nos sintamos aceptados o valiosos.

Para realmente *estar* en intimidad con alguien, no debe haber requisitos que normen las apariencias, los sometimientos o las funciones. Estar disponibles, estar presentes y ser íntegros en relación a nuestras promesas es todo lo que se requiere. El compromiso de *estar* allí junto al otro y con el otro, es lo que nos hace estar cerca y reconocer nuestro yo comprometido como un agente responsable y autónomo.

Este compromiso no deja de atemorizarnos. Dejar de aferrarnos y simplemente *estar* con el otro puede evocar toda una gama de temores, entre los cuales hay cinco que pueden bloquear la intimidad:

> a. *El miedo de mezclarnos.* Si nos volvemos demasiado íntimos me sentiré encerrado, absorbido, tragado, de modo que debo estar en guardia.

---

3 John Neill y David P. Kniskern, eds., *From Psyche to System: The Evolving Therapy of Carl Whitaker* [De la psiquis al sistema: El desarrollo de la terapia de Carl Whitaker], Guilford Press, New York, 1982, p. 172.

4 Fritz Junkel, *How Character Develops* [Cómo desarrollar el carácter], Macmillan Publishing Co., Charles Scribner's and Sons, New York, 1946, pp. 66-86.

b. *El miedo a que nos conozcan.* Si nos volvemos demasiado íntimos me sentiré desnudo y molesto, a la intemperie y avergonzado, de modo que debo cerrarme cuando se me acerque.

c. *El miedo al ataque.* Si nos volvemos demasiado íntimos me puede atacar, herir, atropellar, violar. De modo que debo tener cuidado.

d. *El miedo al abandono.* Si nos volvemos demasiado íntimos, puedo correr el riesgo de entregarme demasiado y que luego me dejen colgado. O arriesgarme para que después se me ignore o se me rechace.

e. *El miedo a nuestros propios impulsos destructivos.* Si nos volvemos demasiado íntimos es posible que no pueda controlar el enojo o el disgusto que me producen ciertos aspectos suyos sobre los que trato de no pensar. El temor de que afloren está siempre latente en mí, listo para estallar.

A medida que adquiero serenidad en mi relación conmigo mismo, mis temores de ser absorbido, expuesto, atacado, abandonado o provocado, disminuyen. Mi confianza en que puedo ser totalmente yo mismo en tu presencia —con tranquilidad y con libertad— aumenta y crece. Puedo arriesgarme a ser espontáneo aun sin saber cuál puede ser el resultado y tener confianza a pesar de todo.

Sólo herimos a los seres a quienes amamos

La intimidad nos hace vulnerables tanto al sufrimiento como al amor. Hace posible que seamos invadidos y rechazados o que se nos invite y muestre afecto. Luciano y Beth L'Abate describen esta paradoja de una forma muy atractiva:

El sufrimiento y el afecto están entrelazados intrínsecamente. A menudo damos a aquellos a quienes amamos una licencia para herirnos. Hablando en términos funcionales, rara vez —o nunca— son los extraños quienes nos hieren. El sufrimiento y el temor de recibir heridas sólo nacen de la intensidad de una relación íntima y no de las relaciones transitorias y superficiales. Por lo tanto hay sentimientos que se relacionan a nuestra vulnerabilidad frente a una relación amorosa. A todos nos puede pasar que nos defrauden, nos traicionen, nos engañen, nos rechacen o nos abandonen.[5]

La intimidad es tener el valor para ser vulnerable, la fuerza necesaria para ser débiles. No hay ninguna forma de evitar el sufrimiento en una relación, aunque deberíamos tratar de minimizar esa posibilidad y crecer en nuestra capacidad de reducir su intensidad, su alcance y su duración, tratando de curar las heridas de la manera más rápida posible. Ser vulnerables en tanto que somos seres humanos frágiles, uno junto al otro, significa que las heridas duelen pero no son irreparables. Si vivimos juntos nos heriremos mutuamente. Y como tanto el placer como el dolor son esenciales al ser vivo, debemos aprender a conducir nuestras heridas para enriquecer nuestros placeres. Es más, cuando elaboramos nuestras ofensas, aprendemos a amarnos más.

El amor es la tensión creativa entre estar en contacto y alejarnos; es ese algo que nos hace regresar para seguir experimentándolo y al mismo tiempo alejarnos para ver al otro con claridad y respeto. El amor es el equilibrio entre la unión y la separación que permite que nos mezclemos profunda, y, a veces, dolorosamente, para emerger como personas más fuertes y definidas. Este es un proceso que duele y a la vez nos da alegría. Cuando dos personas ingresan al mundo íntimo del otro, habrá incomprensiones, errores, desilusiones dolorosas.

Siempre herimos a los que amamos, pero también somos curados y ayudados por aquellos a quienes amamos y nos aman. Quizás podamos decir que *sólo* podemos ser curados por aquellos a quienes causamos heridas.

Nos curamos por medio de aquellos a quienes herimos

El matrimonio es esa relación extraña y desconcertante en la que paradójicamente necesitamos que la mano que contribuyó a

---

[5] Luciano L'Abate et al., *Family Psychology* [Psicología familiar], p. 113.

herirnos, sea la que nos sane. Si no podemos expresar nuestros sentimientos heridos y permitir que aquel a quien herimos sea quien nos conforte, ponemos en peligro la relación. Cuando nos hemos herido mutuamente es necesario que seamos ambos los agentes de la sanidad del otro. Escaparnos de la relación para hallar la curación es un proceso temporal... en el mejor de los casos. Un tiempo para una terapia que debiera hacer volver a ambos, lo antes posible, al proceso de sanidad y reconciliación.

Los sentimientos de temor, dolor, heridas, enojos o la ansiedad frente a la posibilidad de recibir ofensas, necesitan ser experimentados entre ambos si es que la relación ha de crecer. La tentación natural es ventilar estos sentimientos y acudir a quejarnos acerca de lo que ha pasado o lanzar predicciones o expectativas acerca de lo que sucederá. Esta práctica sólo intensifica la ofensa y hace que ambos se alejen físicamente más, aunque emocionalmente queden atrapados.

Estos dos movimientos van en la dirección equivocada. La reconciliación ocurre cuando nos separamos emocionalmente y nos acercamos físicamente. Cuando queda bien en claro que permaneceré a tu lado no importa lo que suceda y que reconoceré que tienes derecho a expresar tus sentimientos y debo respetarlos, entonces nos mantenemos en contacto a la vez que respetamos la singularidad de cada uno.

Comprender eso es el secreto de una relación restauradora. Cuando me han herido, soy ayudado por aquellos que están a mi lado —en una presencia genuina y aceptable—, pero sin que busquen resolver mi problema, aclarar mi confusión o curar mi dolor. La verdadera sanidad surge de adentro y aquellos a quienes amamos pueden convocarla al ser para nosotros una invitación a la reconciliación.

La intimidad es poder expresar nuestros sentimientos heridos, aceptar al otro que sufre y elaborar la ofensa que se interpone entre nosotros. No se puede conseguir una comunicación más profunda con sólo contar las experiencias que nos unen y que son positivas. Si no se resuelven los elementos negativos y alienantes de una relación, entonces no hay crecimiento. No llega a una relación de intimidad por mucha admiración o adulación que pongamos, ello nutre la fantasía.

Y si sólo hay resentimiento e irritación tampoco se logra nada. Pero lograr la eliminación de nuestros resentimientos, la integración de nuestras irritaciones a la vida en común, nos une a niveles tanto de lo que es aceptable, como de lo no aceptable en nosotros. Cuando todo mi ser es conocido y valorado, entonces soy capaz de experimentar la proximidad, poniendo cada vez menos y menos fachada. Cuando se nos permite expresarnos sin que muestren rechazo a nuestros aspectos no deseables (y no sólo aceptar los deseables), entonces no es necesario pretender lo que no es real o hacer una representación de lo que no sea auténtico, espontáneo o natural.

Los dos lados de la intimidad

La intimidad no sólo se compone de los tres elementos paradójicos que acabamos de explorar, sino también de muchos otros.

Siempre tiene historia. Es un compromiso sostenido, prolongado, con una duración estable a lo largo de los años. También es un punto culminante, un momento de éxtasis gozoso.

La intimidad tiene estabilidad; es una fidelidad constante y confiable. Es negociable, ajustable, abierta al cambio y al crecimiento.

La misma es una donación de uno mismo. Es servir y aun sacrificarse por el bien del otro. También consiste en ser uno mismo; es descubrirse a través de esa relación.

La intimidad es preocuparse por el bienestar del otro. Es aceptar y afirmar al otro. También es disentir, enfrentarse al otro, entrar en conflicto. Es el antagonismo y el afecto; el enojo y el amor.

Es apertura, es transparencia, ser confidentes. Y también es la privacidad, respeta los secretos, se detiene ante el deseo de aislarse.

Es crecer, explorar, desplegarse, desarrollarse, es sentirse relajado, distendido, cómodo.

La intimidad requiere tiempo, no crece si no se le da el tiempo necesario para desarrollarse. Necesita de una unión intensa, debe haber momentos para fundirse en éxtasis, disfrutar, celebrar.

Requiere una clara comprensión. Si el pacto o el acuerdo entre las personas no está claro, es unilateral, frágil o fácilmente interrumpible, se limita la intimidad. Si no se puede renegociar bajo nuevas circunstancias, la confianza se bloquea.

La intimidad

Cuestiones solidarias (cercanía)	Cuestiones independientes (separación)
La intimidad crece a partir de una historia común. No hay una intimidad instantánea. Lleva tiempo madurarla, profundizarla.	La intimidad requiere momentos para disfrutar profundamente, para celebrar intensamente de éxtasis mutuo.
La intimidad está basada en la estabilidad, en la certidumbre de la presencia y constancia del otro.	La intimidad se enriquece por la apertura a la negociación, una disposición a aceptar cambios.
La intimidad se nutre en la medida en que las necesidades del otro me son tan importantes como las mías.	La intimidad se afirma cuando cada persona asume sus propias necesidades de manera responsable.
La intimidad se siente en la calidad del afecto, en lo genuino de la presencia y lo oportuno de la simpatía.	La intimidad se profundiza si uno se arriesga a ser diferente, a confrontar al otro con opiniones y dar solución a conflictos.
La intimidad aumenta cuando hay libertad para ser francos y abiertamente transparentes.	Se garantiza la intimidad si se respeta la unicidad, la privacidad y los secretos del otro.
La intimidad aumenta por el compromiso de explorar, examinar, crecer en el conocimiento y la comprensión del otro.	La intimidad se celebra con mayor riqueza si hay un ambiente relajado, distendido, de naturalidad y armonía: la capacidad de «dejar que las cosas sean».

Cuadro 1

La intimidad requiere de una empatía capaz de abarcar los pensamientos, las emociones y las acciones del otro. También que uno sienta sus propios sentimientos de manera plena, piense con claridad y elija las acciones responsables con libertad. De lo contrario la intimidad será superficial.

Requiere abrirse y exponerse al otro (por parte de ambos miembros de la pareja) a la vez que respetar la autonomía y autodeterminación de cada uno. Ofrece y acepta la transparencia, pero al mismo tiempo respeta y honra la privacidad así como el deseo de estar solo.

La intimidad se da cuenta de la realidad de la muerte, de la finitud y la falibilidad humanas. Acepta al otro como plenamente humano y sin embargo, siente la esperanza de que el amor no termine nunca y de que nuestra fidelidad trasciende el sufrimiento y la muerte.

Estos elementos paradójicos se expresan en el cuadro 1 en donde el contraste entre las experiencias permanentes y las extremas, entre la estabilidad y lo negociable, entre el servicio y el autodescubrimiento, entre la apertura y la privacidad, el crecimiento y la relajación, se muestran en las columnas. Ambos lados son necesarios para una auténtica intimidad. Ambas son mitades de la realidad total que debemos unir para poder lograr unirnos nosotros mismos como pareja.

Si la intimidad fuera una relación que pudiéramos lograr de una vez para siempre, tal vez una habilidad que pudiera perfeccionarse o mantenerse para toda la vida, entonces podríamos tomar las polaridades como un mapa para usar en el territorio de la intimidad. Pero no es un estado que se logra de una vez porque en cada etapa del matrimonio cambia. Y en los cuatro matrimonios básicos, la intimidad avanza desde un primer patrón, hacia formas más satisfactorias y completas, durante el segundo, tercero y cuarto matrimonios. Las llamaremos las relaciones de intimidad dependiente, independiente, interdependiente y plena.

La intimidad enlazada

Primer matrimonio: la intimidad es codependiente

«A veces me siento tan cerca de ti. No puedo explicar por qué o cuándo ocurre. Es como si algo nos hiciera acercarnos. Estos momentos de intensa intimidad son una verdadera sorpresa no buscada. A veces es algo que tú dices o haces que trae a mi memoria un momento especial y entonces siento como si los dos fuéramos uno».

La intimidad del matrimonio que recién se inicia es la unión de dos personas codependientes que se creen independientes. Pero los momentos de esa intensa unión son tales que no pueden vivirse intencionalmente. La felicidad es algo que les ocurre. Las vivencias íntimas no pueden ser ofrecidas o elegidas en cualquier momento; irrumpen cuando la coyuntura está dada, las circunstancias coinciden, el estado de ánimo congenia.

Esta visión de la intimidad como un momento romántico permite instantes fortuitos e imprevisibles de proximidad, pero —como depende de que todo vaya bien y todo se dé en el momento preciso— no hay ninguna seguridad de que la habrá al día siguiente.

La intimidad en codependencia puede ser muy intensa en sus momentos de unión, pero lleva sobre sí la constante amenaza del distanciamiento y la frialdad. De modo que ambas partes caminan sobre ascuas, negando que haya signos de tensión y esperando esas vibraciones que les señalarán su estado de acercamiento.

En una unión así, la intimidad es esa cuestión misteriosa, de inexplicable e imprevisible calor emocional que arrastra a los dos. No importa cuán hermoso sea este sentimiento de unión romántica necesita algo más que el ímpetu de las emociones, si ha de durar. La auténtica intimidad está afianzada en una profundidad de compromiso que se somete a prueba y madura a lo largo del segundo y el tercer matrimonios.

En este período dependiente gozamos de intimidad cuando nuestras expectativas se cumplen. Nos sentimos cerca cuando nuestros sueños se confirman. Nos sentimos más cerca que nunca, cuando el sueño parece volverse una realidad. Pero todas estas formas de intimidad se basan en posesiones y no en lo que somos; en adquisiciones externas, no en el disfrute de valores personales.

La codependencia es autodestructiva. En cualquier momento uno o ambos deberán avanzar hasta recuperar la identidad sacrificada en esta solución demasiado facilista de estar el uno sometido al otro. Y con ese primer paso los dos se verán lanzados al segundo matrimonio. La vieja intimidad comenzará a romperse. Todavía

CAMBIAR SIEMPRE

Sé que te digo lo opuesto
de lo que te dije la semana pasada,
pero por favor no me ates a la semana pasada,
ni al mes pasado,
porque quiero cambiar siempre,
viendo las cosas bajo una nueva luz
repensar
revisar
reevaluar.

Si no puedo seguir cambiando de esa forma
moriré para nuestro amor
y si debo aceptar aquello en lo que ya no creo,
si tengo que cerrar mis ojos
a nuevos desafíos y nuevos obstáculos,
seré firme, pero estaré estancado y muerto.

Soy impredecible
y no puedo prometerte nada.
No puedo saber lo que diré la semana que viene,
pero,
he hecho la decisión de amarte, de disfrutar mi vida contigo.
Para hacerlo necesito libertad para cambiar,
y para permanecer vital en un amor creativo por ti,
mi amada,
mi amiga.[6]

---

6 Ulrich Schaffer, *Love Reaches Out* [Amor al alcance de la mano], Harper &
Row, Publishers, Inc., San Francisco, 1974, p. 51. Usado con permiso.

retornará —intermitentemente— sólo para ser interrumpida una y otra vez.

Equilibrio en la intimidad

Segundo matrimonio: la intimidad es intermitente

«Sí, por supuesto, tenemos algunos buenos momentos, pero la lucha por lograr nuestra igualdad es tan difícil que los períodos en que nos entendemos y realmente nos acercamos son una satisfacción fugaz».

La intimidad es precaria durante este segundo matrimonio. Los dos luchan para que exista la igualdad, cada uno presiona para tener su propio lugar bajo el sol, ninguno se siente libre para acercarse a la intimidad que necesitan tener. Es posible que los dos actúen independientemente, pero reaccionan en muchas maneras como personas dependientes. Se ven a sí mismos como independientes pero en realidad son contradependientes, esto es, cada uno frena el movimiento del otro hacia aquella fácil intimidad de su primer matrimonio, para tratar de presionar y sentirse un yo separado.

Es el momento en el que comienza a desarrollarse la intimidad conflictiva. Si bien el sentido común ve estas dos palabras —conflicto y contacto— como contradictorias, el conflicto puede conectar profundamente a las personas. La lucha para definir un yo independiente empuja a cada uno a tomar posiciones más frontales respecto a su autonomía. Sin embargo, descubren que cada vez que aumenta su independencia, se hace posible un sentido más profundo de solidaridad. Cuando él siente más respeto por su capacidad de asumir una posición clara, entonces halla, para su sorpresa, una nueva profundidad en sus encuentros. Cuando ella ve su nueva firmeza para autodefinirse, siente una mayor seguridad en sus momentos juntos. Hay claridad en la comprensión mutua entre personas que han probado el metal del que está hecho el otro y han descubierto que tanto ellos como su adversario son confiables. Cuando hemos peleado entre nosotros es cuando en realidad llegamos a conocernos.

Durante este período, el cambio entre los polos de separación y proximidad se vuelve más rápido, como un veloz zigzagueo. Como dice Sonia Nevin se trata de una situación imposible:

> Ni bien consigo la distancia que quiero, me siento furiosa. Y el minuto en que logro la intimidad que anhelo, me ahoga. De modo que me balanceo entre los dos polos. Podría acomodarme en algún lugar intermedio pero ese «acomodamiento» de algún modo tampoco me caería bien. Esto no sucede con la amistad. La distancia que existe en la amistad me proporciona todo lo necesario. La situación en el matrimonio es diferente... «Te amo», decimos y nos abrazamos con fuerza. Quisiéramos permanecer *pegados* a la otra persona pero no lo toleramos. El matrimonio nos abre la puerta para amar demasiado y es preciso amar *con moderación*. Si amamos hasta agotar nuestras fuerzas, creamos una situación imposible.[7]

Amar en exceso nos lleva a la absorción, a la posesión, a los celos, a ser serviles así como a una serie de otros abusos del yo, y de los otros. Amar demasiado poco, hace que las personas se pierdan por diversos senderos hacia la apatía, la coexistencia, y se vuelvan extraños el uno con el otro.

El amor y la intimidad deben descubrir esa unión de dos seres plenamente separados, una combinación de dos mundos distintos y definidos. A medida que esto surge de las ruinas de la vieja mezcla, comienza la tercera forma de intimidad matrimonial.

Intimidad combinada

Tercer matrimonio: la intimidad es integradora.

«Es difícil decirlo, pero me solía abrumar que estuviéramos tan cerca. Había demasiada proximidad. Podíamos estar abrazados durante un tiempo, pero pronto necesitaba aire. Ahora parece que

---

[7] Sonia Murch Nevis y Joseph Zinker, *Marriage, the Impossible Relationship* [Matrimonio, la relación imposible], p.1.

hubiéramos atravesado la barrera hacia un nuevo nivel de cercanía que ya no amenaza nuestra distancia».

Cuando se termina la lucha para mantener la distancia y cuando el impulso de ser un yo autónomo con un claro sentido de «yoísmo» alcanza un punto de definición, los dos encuentran una nueva libertad para acercarse de nuevo y comenzar a combinar sus deseos y necesidades.

La madurez se mide por la libertad de actuar ambos de forma independiente y saber vincularse dependientemente. Aunque rara vez lo expresamos de una forma tan simple, la marca de una persona en verdad funcional es la habilidad de ser tanto dependiente como independiente en los momentos apropiados y de forma conveniente. Este equilibrio de dar y recibir mutuamente es lo que llamamos «interdependencia». Aunque cada uno es capaz de actuar de modo autónomo, ambos prefieren la mutualidad; aunque cada uno es capaz de elegir con responsabilidad, ambos prefieren elegir juntos responsablemente; aunque cada uno es plenamente funcional por sí solo, ambos prefieren llevar la vida juntos.

Durante la etapa anterior la intimidad estaba claramente limitada por la necesidad de salvaguardar la propia identidad. Mientras dura el proceso de finalizar la identidad, es inevitable actuar a la defensiva. El Cuadro 2 nos muestra el péndulo balanceándose entre la intimidad solidaria del primer matrimonio, la intimidad con autonomía del matrimonio intermedio, hasta lograr la que emerge de la interdependencia. Tener distancia y tener contacto han llegado a un equilibrio, el de la intimidad mutua.

Íntimos

Cuarto casamiento: Los dos se han convertido auténticamente en dos personas íntimas

«Una noche, mientras caminábamos, nos miramos y nos preguntamos cuánto tiempo habíamos vivido juntos. Hacía más de 25 años. Ya lo sabíamos, naturalmente, pero ahora nos dábamos cuenta de haber *vivido esos años* de una forma muy próxima. Nos tuvimos

Intimidad: ¿Polaridad o paradoja?

Dependemos de nuestra historia común.	1 2 3 4 5	Buscamos grandes experiencias y espontaneidad.
Dependemos de la estabilidad y del compromiso que no cambia.	1 2 3 4 5	Probamos cambios, renegociamos los compromisos.
Nos sentimos próximos cuando llenamos las necesidades del otro, al entregarnos.	1 2 3 4 5	Nos sentimos libres de atender a nuestras necesidades y cuidarnos a nosotros mismos.
Nos sentimos íntimos en momentos de ayuda, aceptación y afecto.	1 2 3 4 5	Sentimos verdadero contacto en momentos de discusión, conflicto y confrontación.
Nos sentimos íntimos cuando nos mostramos francos, de manera abierta y transparente.	1 2 3 4 5	Nos sentimos libres para proteger nuestra privacidad, singularidad y secretos.
Sentimos una creciente necesidad de crecer, explorar, seguir andando juntos y luchar para «entendernos mejor».	1 2 3 4 5	Nos sentimos relajados, con un sentimiento de tranquilidad y armonía. Tenemos la habilidad de «dejar que las cosas sean».

MATRIMONIO INICIAL (Intimidad codependiente): La etapa del primer matrimonio generalmente entra en las puntuaciones de 1 a 3.

MATRIMONIO MEDIO (Intimidad independiente): Entra en la puntuación de 3 a 5, a medida que cada uno busca su identidad.

MATRIMONIO AVANZADO (Intimidad interdependiente):
Ocupará sin duda las puntuaciones intermedias, porque ambos tratan de equilibrar las polaridades de una forma equitativa y en relaciones paralelas.

MATRIMONIO MADURO (Intimidad): La pareja se niega a considerar que los polos sean excluyentes, pues ahora los reconocen como verdaderamente paradójicos, y saben que ambos son igualmente necesarios. No es posible tener uno sin el otro.

Cuadro 2

que reír y exclamar: "Sospecho que somos sobrevivientes. La etapa de prueba ha pasado y ahora en realidad nos entendemos"».

Volverse de verdad íntimo es el aspecto matrimonial que caracteriza a toda persona madura. Ser es más importante que hacer cosas o tener cosas, llegar a ser nos da más emociones y nos nutre más que quedarnos fijos en patrones inamovibles de lo que siempre fuimos, somos o vamos a ser ya sea como personas o como cónyuges. Uno aprende a vivir con menos y menos defensas. ¿Por qué defender lo que estoy dispuesto a revisar o renegociar? Uno aprende a arriesgarse a tener un estilo de vida común y con un final abierto.

«Sentía una sensación de calma, de estar en paz entre nosotros y también conmigo mismo. Es una paz que siempre formó parte de nuestro amor, pero ahora está entrelazada con nuestra intimidad de una forma inexplicable. Cuando estamos plenamente de acuerdo sobre las cosas, está bien. Y cuando diferimos o no llegamos a un acuerdo, también lo está. Sé que los dos nos encontramos libres para fluir con la vida, cambiar y crecer de modo que todo está bien».

Para llegar a gozar de la intimidad se requiere tiempo, una historia común. También vienen momentos sorpresivos cuando la pareja goza de intensidad y de vitalidad especiales. Lo que antes se experimentaba como dos polos opuestos que tiraban en direcciones contrarias, polos que debían reconciliarse, integrarse o equilibrarse, ahora se descubre como paradojas. Una paradoja no busca una solución, sino una experiencia circular de ambos lados, un movimiento continuo entre la separación y la unión que deja libres a los cónyuges.

Cuando las ironías de la intimidad se experimentan como una paradoja entonces es posible tomar una posición integradora y profunda hacia las tensiones, competencias y contradicciones. Es necesitarnos y *no* necesitarnos, al mismo tiempo. Y podemos contarnos nuestras necesidades con esperanzas de negociar una solución apropiada. Es como si nos amáramos y *también* nos odiáramos. Al final descubrimos que aquellas que odiábamos eran necesarias para comprender que también es una parte integral de la personalidad y la podemos aceptar porque las partes que amamos son mucho más grandes. Admiramos y *también* nos fastidian los puntos fuertes del otro. Aquellas cosas que admiramos en otros son a menudo las que anhelamos tener y, sin embargo, carecemos, de modo que nos molesta la expresión de ellas en otros, aun cuando los admiramos.

La lista de estas ironías presentes en cada relación íntima es un estudio fascinante de ambas personalidades. En la medida en que uno de los cónyuges o ambos, las combaten como a sus enemigos o se desplazan entre ellas como polaridades, terminan quedando atrapados y limitan las posibilidades de una intimidad más madura.

Es necesario sonreír ante lo que creíamos que eran realidades solemnes, aceptándolas ahora como ironías encantadoras, como formas paradójicas de relacionarse. El ver la situación como algo menos que trágica, tal vez un poco como una comedia, nos permite disfrutar de la ironía y emplear la paradoja como un recurso para nuestro crecimiento permanente.

La madurez es la habilidad de tolerar y saber apreciar la ambigüedad. Es la sabiduría de ver la maduración del otro en toda su complejidad, como algo no tan simple, con una actitud bien intencionada, no deliberadamente hiriente. Es el reconocimiento de que el amor y la vida, usted y yo somos rompecabezas complejos que merecemos ser aceptados, sin tratar de cambiarnos.

Variedades de intimidad

Hay muchas formas de intimidad en una relación que crece. Al final de este capítulo habrá un ejercicio para evaluar, discutir y explorar las necesidades que usted pueda tener para alcanzar una mayor intimidad en todas las áreas o en una rica variedad de ellas.

Los cinco tipos básicos de intimidad a menudo se clasifican como: a) emocional, b) intelectual, c) estética, d) física, y e) espiritual. También hay otros más como veremos después.

Primero, *la intimidad emocional*. Dos personas son emocionalmente íntimas cuando ambas comparten emociones similares en algún momento. Cuanto más completa sea la experiencia común de estos sentimientos, tanto mayor será la intimidad emocional. Las condiciones más importantes para lograrla son: (1) Que no tengamos que pedir disculpas, justificarnos o defender nuestros sentimientos. (2) Que respetemos el mundo sentimental del otro y apoyemos su derecho a sentir como siente, su derecho a experimentar sus propias emociones.

La intimidad es la experiencia
de una familiaridad muy cercana y sostenida
con la vida interior del otro.
En una relación íntima
uno contempla a la otra persona
en su profundidad esencial,
en su realidad más honda.
La intimidad es poder conocer a otro
de adentro para afuera,
es entrar en la visión de otro,
y ver a través de sus ojos.
Es unirse al mundo de otro,
y caminar en él con sus pies.

La intimidad sólo se da
por consentimiento mutuo.
Si uno busca estar cerca de otro
que no lo desea en absoluto,
esa relación no es íntima.
Uno puede tener un conocimiento
íntimo del otro, sin tener intimidad.
La intimidad es el flujo que va y viene
que muestra interés y lo recibe,
que da amor y es amado,
que conoce y es conocido.[8]

---

8 Thomas Oden, *Game Free* [Juego libre] Dell Publishing Co., Inc., New York, 1974, pp. 3-4.

Segundo, *la intimidad intelectual*. Cuando dos personas son intelectualmente íntimas es porque concuerdan en lo que ven o en lo que piensan. Tienen percepciones e interpretaciones similares. Dos personas se sienten íntimamente comprendidas cuando cada una de ellas puede ver lo que ve el otro y puede interpretar los datos de igual manera. Ambos se sienten profundamente comprendidos y cada uno de ellos se siente pleno por comprenderse uno al otro.

Tercero, *la intimidad estética*. La belleza puede hacer que las personas se acerquen a un profundo nivel de romanticismo y unidad enfática. La apreciación conjunta de lo que se considera estéticamente hermoso, la música, el arte, la poesía, la naturaleza, la liturgia, lo que nos maravilla o asombra, son todas experiencias conectivas, experiencias de intimidad.

Cuarto, *intimidad física*. La palabra «íntima» suele usarse para calificar eufemísticamente a la relación sexual. Muchos aspectos de la sexualidad tienen rasgos de intimidad pero la actividad genital puede llevarse a cabo, y a menudo sucede así, sin que haya intimidad. A veces esa actividad es la violación de la intimidad. La intimidad sexual auténtica ocurre cuando dos personas expresan proximidad, franqueza, y pureza con sus cuerpos, todo lo cual refleja lo que es real en sus vidas.

Cuando se fluye juntos en un placer sexual que expresa y simboliza la forma en que se unen nuestras emociones, pensamientos, valores y apreciación de lo bello, entonces el orgasmo es la celebración de la unión de dos vidas, de dos seres.

Quinto, *intimidad espiritual*. Podemos crecer en nuestra cercanía mutua en el nivel más profundo de todos que es cuando se anda juntos un camino espiritual. Nuestros mundos de fe, de valores, de significados de la vida, de metas, de motivaciones para amar y servir, pueden ser separados y comunes. «La religión», dice Alfred North Whitehead, «es lo que el individuo hace de su propia soledad».[9] Cuando somos maduros podemos darle la bienvenida a nuestra soledad ante Dios y ya no tener el deseo de huir de ello; sabemos vivir estos momentos sin temor a ser controlados y rechazados. Podemos realmente estar *juntos* y *ante* Dios.

---

9 Alfred North Whitehead, citado por George Seldes, *The Great Quotations*, [La gran cita], Simon and Shisters, Inc., Pocket Books, 1967, p. 829.

Cuando uno reflexiona en estos cinco aspectos de la relación de intimidad, salta a la vista lo inequívoco de nuestra cultura: el ver la intimidad sexual como lo fundamental, lo central, la más crucial de las intimidades. Porque es el símbolo visible, táctil y hormonal de lo que es la unión emocional, espiritual y estética de dos personas lo que inevitablemente eclipsa a las demás. Ninguna de las otras posee la inmediatez tangible, viva, encantadora y pasional ni la intensidad del abrazo amoroso que funde a dos personas en un estado de emoción traslúcida, en la que los dos son contribuyentes iguales de una intimidad total en el matrimonio.

El novelista D. H. Lawrence escribe sobre el sexo como una intimidad inclusiva que debe simbolizar la totalidad de la relación entre un hombre y una mujer, y expresar el corazón de su comunicación mutua, sin dominar los movimientos profundos de su alma. El sexo es la erupción volcánica de fuego y de luz que representa los movimientos telúricos de las capas emocionales, espirituales, morales, estéticas que subyacen en el alma. Es provechoso leer y releer juntos su descripción de una visión prolongada del sexo dentro del matrimonio:

> ... El sexo para mí, significa el todo de la relación entre un hombre y una mujer [...] que dura toda la vida, y de la cual el deseo sexual es sólo su manifestación más vívida. El sexo es una cosa cambiante; por momentos vital, por momentos dormido; a veces fogoso, otras ausente. Un hombre dice: [...] No amo ya a mi esposa. No deseo dormir con ella. ¿Pero por qué querría dormir siempre con ella? ¿Cómo sabe cuáles otros intercambios sutiles y vitales ocurren entre él y ella, haciendo de ambos un todo durante ese período en que no desea dormir con ella? Y ella en lugar de llorar y decir que se acabó todo y que tendrá que encontrar a otro hombre y divorciarse... ¿por qué no hace una pausa y escucha a algún nuevo ritmo en su alma y observa el nuevo movimiento en este hombre?[10]

---

[10] D. H. Lawrence, *We Need One Another* [Nos necesitamos uno al otro], Haskell House, Publishers, New York, 1974, p. 37.

Quizás el más sucinto paradigma de lo que es la intimidad lo expresen las palabras de la terapeuta Virginia Satir. Describe el maravilloso respeto mutuo que florece entre la unión y la separación.

Deben leerse como polarizaciones que requieren del equilibrio, si esa es la etapa del matrimonio que usted está pasando. O bien pueden entenderse aún más profundamente como siete condiciones paradójicas de una intimidad amorosa.

Amar es abrazar a otro con ternura, pero sin embargo, sin aferrarse a él posesivamente. Estamos seguros de la mutua posesión en nuestra relación, y sin embargo, nadie posee al otro. ¿Entienden la paradoja?

La apreciación es poder admirar algo e inevitablemente evaluarlo al mismo tiempo. Admiramos lo que es bueno, verdadero, hermoso en otra persona pero no la juzgamos. Paradójico.

La invitación es la forma más poderosa de comunicación, y sin embargo, trata de exigir para manipular o controlar.

Estar separados nos permite reflexionar y evaluar lo que sucede en nuestra relación desde la objetividad que brinda la distancia, pero esto puede sentirse como un anhelo esperanzado de crecimiento y no, por ejemplo, como un sentimiento punitivo de culpabilidad.

Se puede brindar una crítica y ofrecer ayuda de manera que ambas cosas sean recibidas como regalos, no como una condena o un insulto.

Todas estas cosas son paradójicas. Ambos lados están presentes en cada relación, y sin embargo, cada una corrige, esclarece y libera a la otra de modo que enriquezca la intimidad y el amor.

Lea el poema de la página siguiente, una y otra vez. Explore su sabiduría para renovar la intimidad.

QUIERO...

Amarte
> sin aferrarme,
Apreciarte
> sin juzgarte,
Unirme a ti
> sin exigencias
Dejarte,
> sin sentir culpa.
Criticarte
> sin culparte,
Y ayudarte,
> sin que te ofenda.
Si puedo esperar lo mismo
> de ti,
Entonces podemos encontrarnos
> y enriquecernos.[11]

EJERCICIO 8: UNA PRUEBA DE INTIMIDAD__

Instrucciones: El siguiente ejercicio define diez áreas íntimas que están al alcance de las personas que buscan una mayor intimidad en su matrimonio.

No cualquier área es igualmente atractiva. Y en diferentes etapas del matrimonio la pareja enfocará una más que otras. Lo mismo sucede con el sentimiento de la paternidad/maternidad que se vive de manera diferente en el inicio del matrimonio a mitad del mismo o casi al final.

Cada cónyuge debiera hacer una evaluación independiente de los grados de satisfacción con cada una de estas áreas y luego comparar su puntuación. Busque los puntos de acuerdo y de desacuerdo con relación a los grados de satisfacción. Luego observe cuáles áreas no han sido desarrolladas y cuáles les exigen mayor energía para lograr acercarse.

---

11 Virginia Satir, *Making Contact* [Haciendo contacto], The Speed Press, Celestial Arts Publishing Co., Berkeley, CA, 1976, p. 19.

1. ¿Cuál de los dos se satisface en algún punto? ¿Cómo y por qué?
2. ¿Cuál de los dos pide un cambio? ¿Cuál y cómo?
3. ¿Cuál aspecto está creciendo en su intimidad?
4. ¿Qué es lo que quieren el uno del otro?

UN CHEQUEO DE INTIMIDAD
MATRIMONIAL

Instrucciones: Analicen cada asunto hasta que ambos hayan logrado comunicar algún punto fuerte y algún punto débil observado en esa área. Luego cada uno haga un círculo alrededor del nivel de satisfacción que experimenta: 1 Significa «poco», 2 «algo», 3 «más o menos», 4 «muy bueno» y 5 «excelente».

Puntuación de él   *Puntuación de ella*

1. INTIMIDAD EMOCIONAL

1 2 3 4 5   Somos capaces de experimentar   1 2 3 4 5
            juntos una amplia gama de
            sentimientos tanto negativos como
            positivos sin temor a ser juzgados o
            rechazados.

2. INTIMIDAD FÍSICA

1 2 3 4 5   Nos deleita ser sensuales, poder jugar   1 2 3 4 5
            y mostrar sensibilidad en la relación
            sexual, de modo que nos dé placer y
            nos satisfaga.

3. INTIMIDAD INTELECTUAL

1 2 3 4 5   Podemos discutir ideas, hablar acerca   1 2 3 4 5
            de diversos temas, debatir opiniones
            y nociones, y respetar los
            pensamientos del otro.

4. INTIMIDAD ESTÉTICA

1 2 3 4 5

Nuestro deleite en la belleza
—música, arte, naturaleza, viajes, el
arte culinario, etc.— se acrecienta al
disfrutar juntos el deleite de esas
experiencias.

1 2 3 4 5

5. INTIMIDAD EN EL JUEGO

1 2 3 4 5

Jugamos en una variedad de formas:
sexuales, para recrearnos, para
relajarnos, para competir, para divertirnos, por el puro placer de reírnos.

1 2 3 4 5

6. INTIMIDAD EN EL TRABAJO

1 2 3 4 5

Somos capaces de cumplir juntos una
amplia variedad de tareas de tipo
doméstico o para ganar dinero o para
apoyar a la iglesia y a la comunidad.

1 2 3 4 5

7. INTIMIDAD EN LOS CONFLICTOS

1 2 3 4 5

Somos capaces de arreglar nuestras
diferencias con franqueza y
alegrarnos por hallar soluciones que
sean satisfactorias para ambos.

1 2 3 4 5

8. INTIMIDAD ESPIRITUAL

1 2 3 4 5

Hemos descubierto que la gracia de
Dios nos libera para amar, discernir
lo que es correcto y bueno, así como
para honrar y festejar lo sagrado.

1 2 3 4 5

9. INTIMIDAD COMO PADRES

1 2 3 4 5

Hemos hecho de la crianza una
experiencia común, que nos permite
ser creativos, apoyar, dirigir y liberar
a nuestros hijos para que crezcan y
lleguen a ser ellos mismos.

1 2 3 4 5

10. *INTIMIDAD EN LAS CRISIS*

1 2 3 4 5   Somos capaces de estar juntos en   1 2 3 4 5
tiempos de crisis, tanto externas
como internas al matrimonio, para
ofrecernos apoyo y comprensión.

Compare las puntuaciones respectivas. Analicen las diferencias. Expresen lo que sienten. Exploren las necesidades mutuas. Anímense a aceptar cambios. Planifiquen el crecimiento.

Sinceridad y confianza

Instrucciones: La honestidad y la confianza son elementos interdependientes en una relación íntima. Cualquier aumento en alguno de ellos invita a crecer al otro. Cualquier pérdida en uno de ellos reduce al otro.

1. Lea a su cónyuge el primer párrafo de ambas columnas. Luego infórmele de qué manera le ha iluminado su experiencia, sus sentimientos, su manera de expresar sinceridad y confianza.

2. El otro debe responder cuál es su comprensión de lo que es la sinceridad y la confianza, reflexionando sobre los mismos párrafos.

3. Ahora, el segundo cónyuge, lea los párrafos siguientes, de modo que los dos vayan llevando adelante, alternativamente, el ejercicio.

4. No titubee en expresar y explorar todos los desacuerdos y formas diferentes de difundir sus valores. La sinceridad es riesgosa y el riesgo invita a confiar.

SINCERIDAD _____

Compartiré mis cosas contigo tal como soy sin esperar que me juzgues ni temer que me rechaces.

Me expresaré sin dejar de decir nada y te escucharé hasta que nuestros sentimientos sean abiertos y claros.

Elegiré mis propios valores porque mi yo íntimo es mi mayor tesoro. Pondré mis propias fronteras, porque yo soy quien debe protegerlas. Estoy a cargo de mí mismo/a y soy responsable.

Pediré aquello que desee. Tú eres libre de decirme: «sí», «no» o «más tarde». A veces estaré enojado/a o mantendré la distancia. Necesito elaborar mis estados de ánimo. Si estoy enojado/a, lo mostraré abiertamente. Trabajaré con mi enojo con sinceridad y a fondo.

CONFIANZA _____

Confiaré en que me escuches y estaré atenta/o a ver si concuerdas conmigo o si estás molesta/o. Me arriesgaré a ser espontáneo creyendo que se pueden cometer errores.

Confiaré en que me contarás las cosas tal como son, para no tener que adivinar ni leer tu mente. Quiero oírte tal como eres y verte con claridad.

Confío en que protegerás tu yo íntimo para que seas leal a tus compromisos. Respetaré tu deseo de poner límites y establecer tus fronteras. Estás a cargo de tu vida y eres plenamente responsable de ti misma/o.

Confiaré en que me digas todas tus necesidades. Respetaré tus «sí», «no» o «más tarde». Puedo estar enojado o distante, a veces, porque sé que puedes hacerte cargo de ti mismo. Si grito o me escapo, puedo estar seguro que me oirás y no me atacarás o repudiarás.

Sabré lo que puedo ser y hacer en nuestra relación y te lo haré saber. Haré lo que quiero hacer porque lo deseo, no solamente porque tú quieres que lo haga. Entonces no sentiré resentimiento.

No trataré de cambiarte ni controlar o manipular tus sentimientos.

Te daré todo lo que esté a mi alcance, aunque a veces pueda darte mucho y otras sólo pueda darte poco.

No pretendo herirte aunque sé que las ofensas ocurren. Sí, deseo crecer con cada desacuerdo y aceptaré nuestras diferencias en lugar de rechazarlas.

Estoy comprometido/a con el amor que nos une y siempre estaré allí para ti.

Confiaré en que me permitas saber lo que quieres ser y hacer en nuestra relación. No trataré de influir en tus decisiones ni controlar la relación. Quiero que seas libre en tus elecciones. Así no habrá resentimiento.

Confiaré en que me respetarás y honrarás así como que elaborarás tus ideas y sentimientos.

Confiaré en que me darás lo que puedas, sin esperar que me des más de lo que eres capaz de darme en ese momento.

Confiaré en tus buenas intenciones si tenemos disputas. Si haces algo que me ofenda, aceptaré que tiene que ver con otra razón y no con tu deseo de herirme o vengarte de mí.

Confío en tu compromiso con el amor que nos une. Festejaré el habernos encontrado.

7

SENTIDO

SENTIDO:

ESPERANZAS

Las esperanzas forjadas por el sueño son en gran medida falsas y deben morir antes de que la verdadera pueda nacer.

DESESPERACIÓN

Las esperanzas se esfuman y nos fallan; nos sentimos impotentes, desilusionados, vacíos, solos.

ESPERANZADO

La esperanza renace a medida que encontramos que, por debajo de las ilusiones perdidas todavía hay oportunidad de renovar y reorientar la vida.

ESPERANZA

La verdadera esperanza ha nacido y nos alienta a medida que cura el pasado y nos invita a seguir hacia adelante con la promesa de un futuro.

AMOR TOTAL

Te amaré completamente, totalmente, sin egoísmo.

AMOR MEZCLADO

Te amaré en la medida en que pueda. Necesito saber si soy amado.

AMOR REALISTA

Te amaré como me amo a mí mismo.

IGUAL RESPETO

Te amaré de la forma en que quiero ser amado.

ÉL	AMBOS	ELLA
	Éramos tan felices juntos, tan llenos de confianza que todo salía bien porque nos amábamos el uno al otro.	
Sin embargo, tenía mis dudas (las guardaba para mí). Me preguntaba: ¿ella me amaría si supiera cómo soy realmente?		
	Sonreíamos mucho, escondíamos nuestros temores en la esperanza de que no se cumplieran, pero no fue así.	
		¿Sabes lo que significa que se acaben las esperanzas? ¿Que todas las razones para vivir juntos resulten vacías?
	Llegamos al punto en que nos parecía que todo había acabado, como si no nos quedara nada, fue entonces que algo sucedió.	
No sé lo que pasó pero hubo una vuelta en el camino.		
	Nos miramos el uno al otro y nos dimos cuenta de que todavía nos queríamos.	
		Y recuperamos la esperanza, no las viejas, sino la verdadera.

La esperanza es la energía que sostiene al matrimonio.

La esperanza es el enemigo que destruye el matrimonio.

Ambas afirmaciones son verdaderas. La esperanza es tanto la energía esencial, como el enemigo enigmático. Ella sostiene los sueños, las metas y los juegos que mantienen a las parejas esperando, persistiendo, seduciendo, manipulando, controlado y siendo controlados. La esperanza de que estas estrategias de algún modo, algún día, en algún recodo del camino, los recompensará, hace que las personas no se arriesguen a cambiar, para vivir en estilos de vida nuevos y más liberadores. De modo que la esperanza es nuestra peor enemiga.

Pero es también ese entusiasmo, esa atracción que nos impulsa al cambio y al crecimiento. Cuando la esperanza de descubrir la razón por la cual estamos juntos y nuestra capacidad para poder amarnos reaparece, podemos empezar de nuevo.

Falsas esperanzas. Verdadera esperanza

Las esperanzas que tengo puestas en mi esposo/a pueden liberar o maniatar nuestra relación. Si fundo mis esperanzas en lo que él o ella puedan llegar a ser más de lo que amo a la persona con la cual me casé, nos defraudarán a ambos.

Amar es dejar ir las esperanzas para que comience la esperanza.

Crecer es dejar que las esperanzas mueran para que nazca la esperanza.

Transformarnos es dejar pasar nuestras viejas esperanzas para que aparezca la esperanza.

La mayor parte del sufrimiento que aparece en el matrimonio ocurre cuando nos aferramos a esperanzas pasadas o cuando nos retraemos del futuro debido a las falsas. De modo que las que nos fallaron bloquean el poder curativo de la auténtica. Las esperanzas deben morir antes que pueda nacer la verdadera esperanza. Del mismo modo que el crecimiento personal avanza al paso de nuestra identificación y cancelación de viejas esperanzas engañosas, así también el crecimiento de nuestra relación ocurre cuando advertimos hasta qué punto nos hemos congelado en esperanzas inmaduras. Sólo entonces puede surgir una esperanza vitalizante.

El matrimonio está edificado sobre esperanzas, tanto falsas como reales. Nos sentimos atraídos por muchas esperanzas que son en realidad falsas, nos mantenemos unidos cuando descubrimos la verdadera esperanza.

Las falsas esperanzas infectan a todos los matrimonios especialmente en sus comienzos. La esperanza de encontrar a la pareja perfecta; la de lograr una relación libre de conflictos; la de poder relajarnos y aceptarlo todo; la de que los años corran sin amenazas ni sufrimientos; la de ser comprendido en el momento necesario y de manera total; la de que nuestras necesidades sean llenadas sin que debamos expresarlas. La lista de esperanzas imposibles de cada pareja, es larga.

Mientras haya esperanzas, el cónyuge dependiente esperará que el otro responda a todas sus necesidades. Mientras haya esperanzas el cónyuge «salvador» protegerá, encubrirá, sostendrá y defenderá al otro. Mientras haya esperanzas el «adolescente» en crecimiento seguirá buscando al padre que lo rechazó, aunque ya no viva.

Mientras haya esperanzas la persona vacía seguirá buscando al individuo, la posición o el éxito que le llene el vacío. Mientras sigan las esperanzas continuarán la búsqueda, las estrategias, la persecución. Cuando esas esperanzas mueren entonces se hace posible la esperanza.

La verdadera nace cuando las viejas comienzan a morir. «Debemos matar la esperanza terrenal; sólo entonces uno puede ser rescatado por la esperanza viviente», escribió Sören Kierkegaard.

La esperanza de la perfección

«Este podría ser un matrimonio perfecto, si no hubiera sido por ti», dice un cónyuge a otro en una tira cómica.

La esperanza de encontrar un cónyuge perfecto, un matrimonio sin fallos y un romance eterno son comunes al amor que se inicia. Una perfección así era el ideal romántico que se erigía para que todos lo imitaran. Charlotte Bronte describe una relación así en su novela *Jane Eyre*:

Esperanza

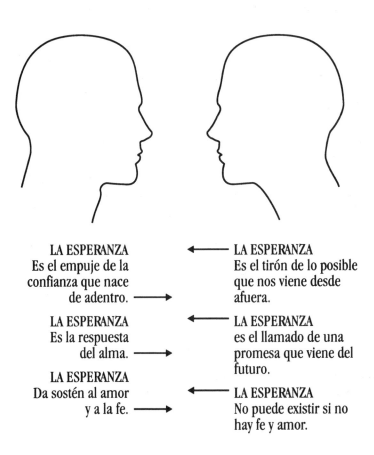

LA ESPERANZA
Es el empuje de la
confianza que nace
de adentro.

LA ESPERANZA
Es el tirón de lo posible
que nos viene desde
afuera.

LA ESPERANZA
Es la respuesta
del alma.

LA ESPERANZA
es el llamado de una
promesa que viene del
futuro.

LA ESPERANZA
Da sostén al amor
y a la fe.

LA ESPERANZA
No puede existir si no
hay fe y amor.

LA ESPERANZA DEBE SER RENOVADA,
REDESCUBIERTA, RENACIDA UNA Y
OTRA VEZ, EN TODA RELACIÓN AMOROSA.

He estado ahora casada por diez años.
Sé lo que es vivir enteramente para,
y con aquel, que amo más que a nada en la vida[...]
No conozco el cansancio en mi relación
con mi Eduardo; ni él conoce el mío.
Hablamos, me parece, todo el día;
hablar entre nosotros no es más que
una forma de pensar en voz alta y audible[...]
Estamos hechos el uno para el otro,
el acuerdo perfecto es el resultado.[1]

Las esperanzas del tipo perfeccionista que crearon esta imagen ideal, son: la de encontrar «alguien» para mí, un sueño mío, una paz y una calma para mí, una seguridad y protección para mí, una nueva situación justa para mí, quizás un nuevo padre o madre para mí y una relación amorosa de duración interminable para mí. Todo esto suele expresarse en palabras desinteresadas y generosas que describen una esperanza, una paz, una justicia y una seguridad para el amado y no para uno mismo. ¿Quién podría describir de manera más concisa las esperanzas altruistas, románticas, del noviazgo? Deseamos la total felicidad para el otro con la esperanza de que eso garantice la nuestra.

Un siglo y medio después de Bronte el proceso de idealización continúa, pero el contenido ha cambiado una decena de veces ya que los sueños vienen y van y las esperanzas nacen y se pierden.

El movimiento de desarrollo del potencial humano que surgió en los últimos veinte años ha levantado nuevamente las esperanzas de lograr el cielo matrimonial. Tales esperanzas han engañado a las personas durante siglos. El cielo creado por el romanticismo se forjó con todo tipo de proyecciones que investían a la otra persona de todo clase de características maravillosas.

Hoy la esperanza se coloca en lograr que nuestra sensibilidad, nuestra comunicación y nuestro proceso de relacionarnos sea perfecto. Tal vez alcancemos el cielo si nos ponemos en contacto con lo más profundo de nuestras emociones o logramos que cada parte

---

[1] Charlotte Bronte, *Jane Eyre*, Dodd, Mead & Co., Inc., New York, 1941, p. 543. De dominio público.

de nuestro ser conozca a la totalidad del otro. Pero los matrimonios celestiales no se encuentran aquí en la tierra. Cada uno de nosotros quiere un cielo, no estamos satisfechos con la tierra. Pero estamos viviendo en ella. Y así son las cosas.

La esperanza auténtica reconoce que estaremos tanto satisfechos como insatisfechos con nuestros matrimonios, que nos sentiremos realizados y también frustrados, aun en la más íntima de las relaciones. Y sin embargo, es posible edificar un matrimonio equilibrado y maduro que acepte las ambigüedades y las imperfecciones de los seres humanos viviendo juntos.

La esperanza cambia y madura a lo largo del matrimonio. Emergen cuatro patrones distinguibles que son paralelos a los cuatro matrimonios dentro del matrimonio que hemos estando explorando.

Esperanzas

Primer matrimonio: Estamos atrapados por las esperanzas

«Cuando me casé contigo sabía que eras la persona para mí. Estaba absolutamente seguro de que no iba a cuestionarme si eras o no para mí. Tampoco deseaba volver a estar soltero. Pero me hice esas preguntas».

Las esperanzas que traemos al matrimonio y las que nos traen al matrimonio se plasman por: (1) nuestro desarrollo personal, (2) nuestros sueños, (3) nuestro ser íntimo y profundo.

Nuestras esperanzas son las que completan el viaje de desarrollo hasta ese punto. Tenemos esperanzas de lo que nos falta, lo que necesitamos y ha estado ausente, etc. Esta carencia emerge en el profundo anhelo que plasma nuestro matrimonio inicial.

«Esta persona va a llenar todos mis sueños de amar y ser amado. Por fin lograré lo que le faltaba a mi madre (o padre)».

«Haremos una familia en la que me sea posible empezar de nuevo y donde yo pueda hallar la justicia, la aceptación y el tratamiento que no recibí en mi familia».

«Esta será una relación tan diferente a la de mis padres. Ellos vivían peleando a cada rato. A nosotros no nos pasará».

«Esta es la persona que representa todo lo que yo quisiera ser. Si estamos juntos seré capaz de descubrir quién soy realmente».

Nuestras esperanzas expresan cosas muy profundas —esas apetencias interiores realmente desconocidas— que no somos capaces de identificar.

«Mirando atrás, creo que estaba buscando a alguien que me diera permiso para «soltarme», para ser la persona que tenía temor de ser y que sin embargo, reconocía que debía ser».

Traemos estos niveles profundos de esperanza a nuestro matrimonio inicial. Complejos y confusos, como son, nos ayudan a acercarnos el uno al otro, nos unen. Más tarde decubriremos el valor de admitir nuestras imperfecciones, la valentía de abrazar nuestros fallos, la gracia para ser humanos. Pero antes de eso es imposible, las esperanzas deben morir primero.

Desesperado

Segundo matrimonio: Nuestras esperanzas nos traicionan

«Fue como si nuestro matrimonio se hubiera gastado, acabado. Todo lo que pensé que sería posible entre nosotros se había ido como el humo. ¿Qué se hace cuando el matrimonio se ha convertido en un montón de cenizas?»

Es muy doloroso cuando las esperanzas se esfuman. A medida que nuestros sueños vacilan nos preguntamos: ¿Qué quedó de nuestro matrimonio? ¿Será de los que no sobreviven? ¿Qué va a pasar si nos separamos? ¿Podremos volver a rehacer nuestro matrimonio?

Es como si sobreviniera la muerte. Cuando los sueños mueren parte de nuestro ser ideal también muere. Mi matrimonio nunca será como quise que fuera. Él no es capaz de darme lo que esperaba, lo que necesito, si hemos de ser felices. Es desesperante.

Es una tragedia privada tal como lo experimentan las parejas. Es bochornoso contarlo a otros porque todos parecen estar pasándola bien y nos avergüenza admitir que nuestro matrimonio está sufriendo.

El sentimiento de vergüenza que muchas parejas experimentan cuando van a tratarse por primera vez, los encierra como a dos astronautas solitarios en sus trajes espaciales. A medida que se rompen sus esperanzas, se retraen para autoprotegerse y retirarse de las miradas de otros.

El descubrimiento que este matrimonio, a pesar de toda la desesperación que produce, puede ofrecernos la esperanza de crecimiento, el comienzo de un renacimiento primaveral. El invierno del desaliento pasa y ambos comienzan a tener esperanzas.

Esperanzado

Tercer matrimonio: Estamos alentados por las señales de esperanza
«Cuando ya parecía que todo había terminado entre nosotros y no nos quedaba nada más que rencor, descubrimos que nuestra rabia seguía relacionándonos. Todavía sentíamos mucho más el uno por el otro de lo que queríamos admitir, de lo contrario no nos hubiéramos sentido tan mal».

Una nueva clase de esperanza comienza a surgir en nuestro interior. La que venía desde afuera nos defraudó. La espera de que se cumpliría el sueño ha perdido su fuerza. Ahora hay una nueva que nace en nosotros mismos. La esperanza ya no es un imán externo, sino que se ha convertido en un confiar, un creer y un querer que nace desde adentro, que nos empuja a seguir desde ese centro íntimo esperanzado. El centro puede parecer pequeño y la confianza débil pero la voz de la esperanza es insistente.

Nos esperanzamos, nos arriesgamos a creer. Ya no hablamos de la esperanza como de un cuadro lleno de eventos futuros o como una combinación de anhelos coleccionados, la reconocemos como un proceso activo que nos impulsa a confiar y arriesgarnos a mantener una relación de amor.

La recuperación de la esperanza es contagiosa. Cuando ella retorna a uno de los cónyuges se extiende al otro a través del callado lenguaje del corazón. Quizás uno de los cónyuges estuvo lleno de esperanzas que sólo hacían que el otro se alejara más. Pero cuando nace la esperanza alcanzamos a tocarnos.

Esperanza

Cuarto matrimonio: Somos liberados por la esperanza
«Hubo un tiempo en el que pensé que jamás podríamos separarnos.

Puede comenzar
un nuevo matrimonio
justo en el punto
en el que parece acabar
el matrimonio.[2]

La aventura del
matrimonio
consiste en
descubrir
quién es realmente
nuestro cónyuge.
Lo que lo hace
emocionante
es descubrir
en quién se convertirá
nuestro cónyuge.

---

[2] Sidney Jourard, *The Transparent Self* [La autotransparencia], Van Nostrand Teihnold Co., Inc., New York, 1975, p. 108.

Pero me equivoqué. Luego vinieron los años en que comencé a dudar de que pudiéramos continuar unidos, pero logramos hacerlo. En algún punto del camino descubrimos una nueva razón para estar juntos. Llámenlo amor o fe del uno en el otro. Yo lo llamo esperanza».

Esta es el ingrediente básico de la fuerza matrimonial. Es lo que le da esa unidad, emoción y fuerza energizante que nos impele a arriesgar promesas, a hacer compromisos y llevar a cabo nuestras resoluciones con fidelidad.

La esperanza proporciona la fuerza básica necesaria para hacer que el amor sea posible. La relación amorosa no es un afecto unilateral de una persona por un «objeto» que puede o no responderle amorosamente. El amor matrimonial es un intercambio mutuo, recíproco, de afecto y lealtad. Y este se basa en la esperanza: De que estarás allí cuando te necesite; la de que tú te entregarás de tal manera que nos invites a ambos a crecer; la de que me devolverás el amor que te ofrezco de un modo que se corresponda contigo mismo.

La esperanza proporciona la fuerza básica que hace que la fidelidad sea creativa y que perdure. La fidelidad es la base esencial del matrimonio y no el amor como se da por sentado popularmente.

Emil Brunner, el gran teólogo suizo, lo expresó así, al dar una convincente escala de valores:

> Cuando se basa el matrimonio en el amor, se pierde todo de entrada. Edificar el matrimonio sobre el amor es edificarlo sobre la arena. El matrimonio está basado, en primer lugar, sobre la fidelidad, y en segundo lugar, sobre el amor.[3]

Tal vez una mejor manera de expresar estas dos realidades es reconocer que ambas son igualmente verdaderas. Así como dos mitades de una verdad podemos verlas como polos que deben ser valorados, equilibrados e integrados por igual. En un nivel más profundo, es posible notar que el amor y la fidelidad son paradójicos.

---

[3] Emil Brunner, *The Divine Imperative* [El imperativo divino], Lutterworth Press, London, 1942, pp. 344-45.

Un pacto de esperanza, fe y amor

Estaré contigo
no importa lo que pase
entre nosotros
o lo que nos pase.
Si llegaras a quedar ciego mañana,
estaré contigo.
Si no obtuvieras éxito,
ni lograras status social,
estaré contigo.

Cuando discutamos y nos enojemos,
como ocurrirá inevitablemente,
haré lo posible para que nos acerquemos otra vez.
Cuando nos sintamos desconcertados
y ninguno de los dos crea
que se llenan sus necesidades,
persistiré en tratar de comprender
y en tratar de restaurar la relación.

Cuando nuestro matrimonio
parezca totalmente estéril,
y no vaya a ningún lado,
creeré que puede andar
y desearé que funcione
y haré mi parte para que sea así.

Y cuando todo sea maravilloso
y nos sintamos felices,
me regocijaré de nuestra vida en común
y seguiré luchando
para mantener nuestro vínculo
creciendo y con fuerza.[4]

4 Elizabeth Achtemeier, *The Committed Marriage* [El matrimonio comprometido], Westminster Press, Filadelfia, 1976, p. 41.

La fidelidad es un compromiso incuestionable de estar allí para el otro. El amor es la disposición de ver al otro como igualmente valioso. Se puede ordenar lo primero, pero en su nivel más profundo no es posible ordenar lo segundo. Es posible llevar adelante la fidelidad por una conducta leal, pero para el amor no basta la acción sino que se requiere de una respuesta basada en la emoción y el misterio del espíritu. Cada uno de ellos depende del otro para su expresión más cabal. Yo no soy creativamente fiel a mi cónyuge a menos que actúe con amor y no soy auténticamente amante a menos que viva con una fidelidad creativa. No importa cuánto yo confíe en que hoy me amas, necesito saber que me amarás mañana.

Elizabeth Achtemeier nos ofrece un pacto que expresa esta tenaz esperanza que inspira a todo amor que es también fiel.

El pacto: cuando el amor y la fidelidad se encuentran en la esperanza

«La elección de la pareja matrimonial es la decisión más importante de la vida», fue la conclusión de James Framo.[5]

Al escoger a nuestro cónyuge no sólo elegimos con quién vamos a estar viviendo, sino que en una medida igualmente importante, decidimos quiénes habremos de ser en los años venideros.

Al seleccionar nuestra pareja acordamos trabajar a un nivel determinado de madurez, a comunicarnos en un estilo de intercambio dado y a relacionarnos en ciertos niveles de proximidad e intimidad.

Al arriesgarnos a hacer un pacto con otro uno se vuelve vulnerable al fracaso, pero al mismo tiempo recibe la posibilidad de lograr el éxito en un momento inicial y también crucial. Hay cinco posibilidades: (1) Uno podría comprometerse demasiado y abandonar su yo en una relación de dependencia del otro, (2) uno podría comprometerse a medias y no entrar en la relación plenamente (3) uno podría comprometerse equivocadamente y establecer

---

5 James Framo, *Explorations in Marital and Family Therapy* [Indagaciones en la terapia matrimonial y familiar], Springer Publishing Company, New York, 1982, p. 126.

una relación en un nivel demasiado bajo o en un estilo demasiado conflictivo; (4) uno podría echar a perder su compromiso por infidelidad emocional, espiritual o sexual; (5) uno podría crear un pacto mutuamente satisfactorio que sostenga y estimule la maduración a lo largo de una serie de etapas de crecimiento en el matrimonio.

Un matrimonio tiene la fuerza equivalente a la claridad de su compromiso. Hacer lo mismo es esencial a la persona misma. Comenzamos la vida con compromisos implícitos: los padres serán padres y los hijos serán hijos. Luego adquieren formas más concretas: con la escuela, con la pareja, con el trabajo y finalmente con el matrimonio. Pero el compromiso que hacemos al casarnos requiere maduración y revisiones que acompañen los procesos que ocurren muy profundamente en nosotros y entre nosotros. El compromiso en sí es una promesa o pacto de que cada uno habrá de estar disponible para el otro en la forma apropiada para cada etapa del proceso de maduración como individuos y también como cónyuges.

La esperanza une nuestro amor y fidelidad a la persona amada mediante la promesa con longevidad que llamamos compromiso. Al hacer un voto, un pacto, un compromiso, estamos haciendo una promesa que tiene permanencia, duración, futuro además de un presente. Ross Bender escribe:

> La esencia de la relación matrimonial se encuentra en el pacto; un trato que es similar y en algunos aspectos participa del pacto de Cristo con la iglesia. En términos de su expresión práctica, los elementos clave en ambos pactos son el amor y la fidelidad.

> Una relación hecha mediante un pacto es firme, definitiva y permanente; no puede anularse, sólo violarse. Al violarla rasgamos y separamos una unidad de vida que ha sido sellada por Dios.[6]

Al hacer un pacto, estamos empeñando nuestra fidelidad no sólo en un matrimonio, sino en el despliegue total de cada matrimonio

---

6 Ross Blender, *Christian in Families* [Cristianos en familia], Herald Press, Scottdale, PA, 1982, p. 61.

dentro de nuestro matrimonio. Brian Grant escribe acerca de la trayectoria a largo plazo de nuestro matrimonio.

Una relación íntima con la misma persona a lo largo de un período prolongado de tiempo —si esta relación es gratificante— nos ilustra con respecto a la naturaleza del mundo y la nuestra propia. Nos dice, de una manera que no puede ser dudada ni disputada, que con la ayuda de Dios y de este otro, podemos establecer un mundo y una vida satisfatorios. Nos dice que podemos tener compañerismo, desafío, conversación, sexo y diversión. Nos dice que podemos obtener ayuda de otra persona cuando la necesitemos. Somos cambiados al saber estas cosas[...] la autoestima remonta vuelo, el temor se encoge, la esperanza se vuelve natural [y es de esperarse]. La bondad de la creación parece una realidad, y la gratitud es una ofrenda espontánea que surge como respuesta[...] Cuando las personas viven en esta situación, su necesidad de protegerse disminuye, liberando así energía para la autoexploración, la creatividad, el intento de expresar el yo, y para comprometerse con la realidad central de otras personas y de Dios.[7]

Esperanza, fe, amor

La esperanza, esa confianza del uno en el otro y en Dios que nos hace acercarnos, la fe, esa fidelidad para persistir en nuestras obligaciones ante Dios; el amor, esa disposición de valorar al otro como a uno mismo, son las virtudes básicas del matrimonio íntimo.

La fe abre la relación para que pueda responder ante el otro, ante Dios y ante la comunidad de fe que levanta su rostro hacia la gracia de Dios. La fe hace que no estemos solos en ninguna de nuestras decisiones o promesas. Las hacemos delante de Dios y dentro del contexto de su pueblo. A medida que luchamos para

---

[7] Brian Grant, *Reclaiming the Dream* [Recuperando el sueño], Abingdon Press, Nashville, 1986, p. 18.

Sé paciente
con todo lo que está sin resolver
en tu corazón.
Trata de amar las preguntas mismas
como si fueran habitaciones cerradas
o libros escritos
en una lengua extraña.
No busques las respuestas
que no se te pueden dar,
porque no serías capaz
de vivirlas.
Y la cuestión es
poder vivirlo todo.
Vive ahora tus preguntas.
Quizás puedas, poco a poco,
sin darte cuenta de ello,
vivir, algún día distante,
las respuestas.[8]

[8] Rainer Marie Rilke, *Letters to a Young Poet* [Cartas a un joven poeta], W.W. Norton & Co., Inc., New York, 1963, p. 35.

pasar por las transiciones del matrimonio y nuestro pacto es sometido a prueba, resulta de suma importancia el apoyo de la comunidad.

Hay ocasiones en que se hace un pacto entre personas que son mutuamente tóxicas o destructivas. Violar ese compromiso puede ser un mal menor que la continua violación de cualquiera de las personas. Quebrar un pacto no es bueno, pero podría ser lo mejor que tengamos ante el horizonte, lo único que podamos elegir en algún momento de la vida.

Esas decisiones son demasiado complejas, dolorosas, importantes para hacerlas solos, como suele suceder frecuentemente. Necesitamos un apoyo profundo de otros y una guía hecha con sensibilidad. Una red de relaciones amistosas dentro de la comunidad de fe puede brindar el apoyo necesario durante la etapa de la separación o del divorcio. Pero también esa comunidad puede negarse a hacerlo y excluir o condenar a quienes están rompiendo su compromiso, por la errada convicción de que las medidas punitivas hacia los demás los protegerá a ellos de sus propios temores de fracasar matrimonialmente. Tanto la fe como la comunidad de fe, pueden ayudarnos a ser fieles a lo largo del redescubrimiento de la esperanza en común y también si se toman caminos diferentes.

El amor que valora al otro como a sí mismo nos libera para valorar nuestro yo y también a nuestro cónyuge, tanto para recrear nuestra relación como para continuar valorizándolo como persona, si la relación matrimonial tuviera que terminar.

La esperanza es la atracción de lo posible, el llamado del futuro y sus promesas. Es el empujón de confianza dentro de nosotros que nunca deja escapar las posibilidades.

El matrimonio hecho en la fe, celebrado en amor y alimentado por la esperanza puede ser revisado una y otra vez, ser recreado, renegociado y vuelto a pactar en cada etapa del camino de la vida. A medida que alcanzamos la madurez, reconocemos que en cualquier relación que sea humana, y especialmente en la del matrimonio, no todo puede ser resuelto, encuentra una respuesta o logra su plenitud. Sin embargo, seguimos formando parte de esa solución imperfecta, de esa respuesta incompleta.

Nada de lo que planifiquemos juntos en la vida es absolutamente seguro, de modo que debemos vivir con esperanzas.

Nada de lo que arriesguemos de nuestra vida en común está libre de la posibilidad del fracaso, de modo que vivimos por fe.

Nada de lo que hacemos en nuestra vida juntos está exento del peligro del sufrimiento y de la necesidad de ser sanados, de modo que vivimos en esa forma de amor absoluto que es el perdón.

EJERCICIO 10: PACTAR CON NUESTRA ESPERANZA, FE Y AMOR _____

Instrucciones: Para reexaminar y reafirmar el pacto que conecta sus vidas, vuelva a leer el «Pacto de esperanza, fe y amor», de Elizabeth Achtemeier que aparece al comienzo de este capítulo.

1. Cada persona lea en silencio el poema, luego reflexione en lo que le produjo cierta reserva o en aquello con lo que ha estado de acuerdo o en las diferencias que vio reflejadas.

2. Cada uno lea el pacto en voz alta al otro, luego elaboren en silencio los sentimientos y los pensamientos que siguieron a cada lectura.

3. Ahora tomen el tiempo que sea necesario para informarse de lo que han experimentado, considerando cuidadosamente lo siguiente:

   a. Esto no es un pacto que cualquiera de ustedes «deba» adoptar, «se vea obligado» a aceptar o «debiera» mantener en un acuerdo perfecto.

   b. Este es el enunciado de un ideal que usted puede «probar» como quien se prueba un sombrero o un estilo de peinado para ver cómo le asienta.

   c. Este es un modelo apropiado para amar, tener esperanza y confiar, pero no es su modelo. Escriban su propio compromiso y discútanlo juntos.